Mutter Maria
in ihren eigenen Worten

Spirituelle Lehren für die neue Welt

Mutter Maria
in ihren eigenen Worten

Spirituelle Lehren für die neue Welt

*Übermittelte Botschaften und
Antworten auf Fragen
zu spirituellen Lehren und zum täglichen Leben*

Gechannelt von Ileah
1997

Edition Sternenprinz
im **HANS-NIETSCH-VERLAG**

Amerikanische Originalausgabe erschien unter dem Titel
Mother Mary's Teachings for the New World
by Elohim Publishing, Hanalei, Kauai
© 1997 by Ileah Van Hubbard

Deutsche Ausgabe:
© 2000 by Hans-Nietsch-Verlag
Alle Rechte vorbehalten

Nachdruck, auch auszugsweise, sowie Verwertung durch Funk, Fernsehen, photomechanische Wiedergabe, Tonträger jeder Art, elektronische Medien sind nur mit ausdrücklicher Genehmigung des Verlags zulässig.

Übersetzung: Yutta Klingbeil
Lektorat: Ute Orth
Umschlaggestaltung: Doris Arndt unter Verwendung der Originalausgabe
Satz und Innengestaltung: Hans-Nietsch-Verlag
Druck und Bindung: FINIDR, s.r.o., Tschechien

Edition Sternenprinz im Hans-Nietsch-Verlag,
Poststraße 3, D-79098 Freiburg
E-Mail: info@nietsch.de
Internet: www.nietsch.de

ISBN: 3-934647-22-7

Dieses Buch ist uns allen,
den Kindern Marias, gewidmet.

◆ ◆ ◆

Über dieses Buch

Mutter Maria in ihren eigenen Worten enthält eine Reihe von Botschaften Mutter Marias. Sie beantwortet Fragen und gibt Ratschläge für das spirituelle und alltägliche Leben. Mutter Maria spricht zu uns durch die gechannelten Worte von Ileah Van Hubbard.

Ileah läßt sich von Mutter Maria durch ihr Leben führen und leiten. Im Mai 1996 reiste sie auf Anweisung Mutter Marias nach Deutschland, Österreich und in die Schweiz, um den Menschen in großen Veranstaltungen ihr Licht und ihre Liebe zu übermitteln. Als sich zeigte, daß diese Veranstaltungen sehr beliebt waren und das Interesse an Marias Lehren überwältigend war, bat Maria darum, ihre gechannelten Botschaften in diesem Buch zusammenzutragen – eine bislang einzigartige Wiedergabe ihrer Lehren.

In einfachen Worten und leicht nachvollziehbaren Aussagen teilt Maria ihre Lehren mit. Sie sollen für Menschen aller Glaubensrichtungen verständlich sein. Grundlage ihrer Lehren ist die innere Verbindung eines jeden Individuums mit Gott. Mutter Maria geht über die klassische Religion hinaus. Ihre Lehren enthalten keine Dogmen, sie vermitteln uns auf einfache Weise Schritt für Schritt, *wie* wir die Verbindung zu Gott finden und erspüren können. Marias spirituelle Lehren unterstützen uns im täglichen Leben – im Beruf, in der Familie, in Beziehungen, im Umgang mit schwierigen Situationen und Lebenskrisen.

Während ihrer Europareise verbrachte Ileah zwei Wochen auf Ibiza in einem Hotel, das, wie sich herausstellte, nur wenige Meter von der Basilika Santa Maria de las Nieves aus dem 8. Jahrhundert entfernt liegt. Ileah ging jeden Morgen in diese Kirche, um Marias Botschaft für den Tag und Antworten auf viele Fragen aufzuzeichnen. Das gesamte Material für dieses Buch stammt aus dieser Zeit. Das Foto unter der Widmung auf der vorhergehenden Seite zeigt den Altar der Basilika Santa Maria de las Nieves.

Ileah Van Hubbard leitete TassaHanalei, eine kleine Pension und ein Healing Retreat Center in Hanalei, Kauai, auf Hawaii.

◆ ◆ ◆

Inhaltsverzeichnis

13 Vorwort

15 Einleitung

19 1. Kapitel ◆ Wo Gott zu Hause ist
Maria zeigt uns den Weg – wie wir entdecken, daß wir eins sind mit Gott und daß Gott in uns wohnt.

23 2. Kapitel ◆ Das Reinigen der Aura
Maria gibt Anleitungen, wie wir uns durch Eintauchen ins Wasser, durch Übung und Bewegung sowie Atem- und Visualisierungstechniken von störenden Gedanken reinigen können.

27 3. Kapitel ◆ Ängste – und wie wir sie überwinden können
Eine Anleitung zum Umgang mit Visualisierungen und Affirmationen.

30 4. Kapitel ◆ Dich selbst kennenlernen
Maria spricht darüber, sich Zeit allein mit Gott zu nehmen, zu erkennen, wer wir sind und was der Sinn des Lebens ist.

37 5. Kapitel ◆ Gedanken sind Wirklichkeit
Maria unterweist uns feinsinnig über die Auswirkungen unserer Gedanken und wie wir unsere Lebensvision verwirklichen können.

46 6. Kapitel ◆ Herausforderungen
Maria spricht über ein schwieriges Thema – wie man mit schwierigen Menschen und Situationen umgeht. Sie spricht über die Herausforderungen, die ihr Sohn, Jesus, zu bewältigen hatte, und den Sinn seiner Anwesenheit auf Erden. Sie geht auf die Fehlinterpretationen der Bibel ein.

55 7. Kapitel ◆ Beziehungen
Maria beschreibt die heilige Symbolik der Hochzeitszeremonie und spricht über das wahre Wesen von Beziehungen und Sexualität.

64 8. Kapitel ◆ Beruf
Maria spricht von dem inneren Ort in uns selbst, der uns antreibt, zum Wohle aller Beteiligten zu handeln. Sie bezieht sich hier insbesondere auf unsere Regierungen und auf unser Verhalten im Wirtschaftsleben.

74 9. Kapitel ◆ Ausgewogenheit
Eine Frage zur Ernährung veranlaßt Maria dazu, über die Ausgewogenheit in unserem Leben zu sprechen.

79 10. Kapitel ◆ Göttliche Inspiration
Ein Zwiegespräch über unsere persönlichen Wünsche, unsere Werturteile, über Gottes Wille und göttliche Inspiration.

87 11. Kapitel ◆ Vergebung und Gesundheit
Mit einem höheren Verständnis und in Dankbarkeit für die Gaben Gottes, die sich in uns widerspiegeln, spricht Maria über das Wesen von Gesundheit und Heilung, die wir erreichen können, indem wir anderen und uns selbst vergeben.

95 12. Kapitel ◆ Die Mutter
Wie man sich auf die Mutter Maria einlassen kann, und warum sie zu diesem Zeitpunkt zu uns gerufen wurde.

105 Gebete
Verschiedene Versionen der Gebete aus der Novene der Heiligen Mutter zum Geweihten Liebesbund von Mary Sylvia McChrist. Sie umfassen das Vaterunser, das Gebet Meine Allmächtige ICH-BIN-Gegenwart und das Selige Himmelfahrts-Rosenkranzgebet.

◆ ◆ ◆

Dein Königreich komme

Wir sind
des Paradieses würdig.
Wir sind würdig, unser
Wahres Selbst zu leben.
Wir müssen uns
dessen bewußt werden,
müssen unserer Würde das Leben einhauchen,
und geloben, sie unentwegt zu ehren.
Auch wenn unsere Innere Sonne
bis zur Unkenntlichkeit verdunkelt ist,
müssen wir darauf vertrauen,
daß die schwarze, schlafende Glut
wieder erglühen will.
Mit leidenschaftlicher, geduldiger Hingabe
müssen wir unser naturgegebenes Wissen
darüber wieder entfachen,
wie wir die Sonne, der Sohn,
Das Licht, das ICH BIN
sein können.
Unser göttliches Selbst
wird unseren Ruf hören
und uns den Weg nach Hause zeigen...
Wir müssen uns den Lehren widmen
ohne Unterlaß,
müssen dankbar sein,
weil wir uns entschieden haben
zurückzukehren.

Jerushua Sananda

Vorwort

Liebe Leserin, lieber Leser,

Als Maria mich darum bat, dieses Buch für euch zu schreiben, tat sie es aus Liebe zu euch und zu mir, zu ihren Kindern, als die Maria alle Menschen auf dieser Erde ansieht – ganz gleich, welcher Herkunft, Überzeugung oder Religion sie sind. Ihre Liebe ist allumfassend, ihre Kraft ist unermeßlich, sie wird niemals müde und ist immer präsent. Sie bat mich, euch zu sagen, wie ihr dieses Buch, diese gedruckten Worte, ihre Lehren, am besten „verwenden" könnt.

Euch wird beim Lesen auffallen, daß ein bestimmter Rhythmus entsteht, wenn ihr die Worte laut lest, daß es viele Wiederholungen gibt und daß manche Worte sogar grammatikalisch inkorrekt erscheinen mögen. Dahinter steckt eine Absicht! Der Rhythmus und die Wiederholungen sowie der visuelle Effekt der Wortanordnungen spielen alle eine wichtige Rolle in der Vermittlung ihrer Lehren und in der Fähigkeit des Gehirns (des Geistes), Geschriebenes aufzunehmen und zu verarbeiten.

Die Mutter bat darum, daß ihr euch in Meditation versenkt und sie anruft, mit euch zu sein, bevor ihr mit der Lektüre ihres Buches beginnt. Ihr werdet ihre Energie, ihre Liebe und ihren Frieden spüren.

Wenn es euch hilft, könnt ihr auch das Vaterunser, das Gebet zur Allmächtigen Göttlichen Gegenwart und das Himmelfahrts-Rosenkranzgebet dazu lesen. Am Schluß des Buches sind abgewandelte Versionen dieser Gebete (geschrieben von Mary McChrist) abgedruckt.

Lest in Freude,

Ileah Van Hubbard
TassaHanalei, Kauai
Weihnachten, 1996

◆ ◆ ◆

✦ ✦ ✦

Anmerkung des Verlages:

Die Lehren von Mutter Maria sind das Ergebnis von Fragen, die Wolfgang, ein deutscher Freund von Ileah, ihr stellte, als sie jeden Morgen zusammen in der alten Kirche auf Ibiza saßen. In diesem Buch sind Wolfgangs Aussagen kursiv gedruckt. Maria gab auch Botschaften durch, die sie den Leserinnen und Lesern des Buches vermitteln wollte. Ihre Worte sind nur soweit geändert worden, wie es die Übertragung vom gesprochenen zum geschriebenen Wort mit der notwendigen Interpunktion erforderlich machte. Das Material ist für ein flüssiges Lesen aufbereitet worden, Marias Lehren bleiben jedoch inhaltlich davon unberührt.

Einleitung

Geliebte Kinder meines Herzens,

Ich bin in diesen Tagen zu euch gekommen, um die Herzen der Menschheit für ihre Bestimmung zu öffnen – für ihre Heimkehr in das Herz und den Geist Gottes, wo sie ihren Anfang nahm. Diese Reise war lang und anstrengend, da der Vater es euch erlaubt hat, euer Leben eigenständig zu erfahren, in der Trennung, wie es euer Wunsch war. Jetzt habt ihr alles über das Leben erfahren und kehrt, einer nach dem anderen,

    zurück,

        zurück,

            zurück

                zur Quelle.

Dies ist eine Zeit des Erwachens – des Wiedererwachens der Menschheit zu ihrer wahren Existenz als Gott/Mensch. Dieser belebte Geist ist der Lebendige Christus – der Funke des Lebens, der lange Zeit, für Tausende von Äonen, schlafend darauf gewartet hat, daß seine Zeit komme, die Reise zurück nach Hause in das Auge Gottes anzutreten.

Ich bin die Mutter, bekannt in vielerlei Gestalt, in vielen Kulturen, zu allen Zeiten.

Ich bin Kali.	Ich bin Shakti.
Ich bin Kwan Yin.	Ich bin Tara.
Ich bin Lady Maya.	Ich bin Isis.
Ich bin Astarte.	Ich bin Diana.
Ich bin Hekate.	Ich bin Demeter.
Ich bin Inanna.	Ich bin Lakshmi.
Ich bin Maria, die Mutter Jesu.	Ich bin das Feminine Antlitz Gottes.
Ich bin die SCHECHINA.	

Ich bringe die Menschheit zum Erwachen in ganz unterschiedlicher Gestalt, überall, in allen Kulturen, in allen Gesellschaften, in allen Ländern. Ich erscheine durch verschiedene

Kanäle. Ich zeige mich durch Erscheinungen, die in eurer Welt wahrgenommen werden. Ich erscheine durch die Herzen der Mütter, wenn sie ihre Babys stillen. Ich zeige mich durch den Mann auf dem einsamen Berg. Ich zeige mich durch den Bauer auf dem Feld. Ich zeige mich durch das unvoreingenommene, offene Herz. Ich erscheine euch durch die, von denen ihr es am wenigsten erwartet. Ich entzünde die Welt mit meiner Liebe. Ich rufe alle meine Kinder: Kommt nach Hause!

Öffnet eure Herzen, damit ihr mich hören könnt, denn ich klopfe an eure Tür. Öffnet eure Tür, um mich zu empfangen, denn ich biete euch den Kelch des Lebens an, eures Lebens, eurer Lebendigkeit, eures lebendigen Herzens – ich bringe euch das Herz des Christus, der in euch wohnt.

Werdet still und wisset, daß ich Gott bin. Ich bin das Feminine Antlitz Gottes, die Mutter, die Schechina allen, auch eures Lebens. Atmet mich in die Stille eures Herzens hinein, atmet mich in die Süße eures Atems hinein.

    Ich rufe Euch,
            rufe
                  Euch,
                        kommt
                              zurück
                                  nach
                                      Hause.

❖ ❖ ❖

Erscheinung von Mutter Maria in Medjugorje, Jugoslawien

❖ ❖ ❖

1

Wo Gott zu Hause ist

Auf dieser inneren Reise werdet ihr sehen, daß ihr und Gott eins seid, daß du und ich eins sind, und daß Gott in euch wohnt und nicht außerhalb von euch. Er ist nicht in euren Kirchen, in euren Tempeln, in euren Statuen oder in euren Bildern. Sie sollen euch nur daran erinnern, daß ihr euch nach innen wenden müßt, denn dort ist Gott.

Wenn ihr eure Gebete sprecht, richtet sie nicht an den Gott außerhalb von euch. Findet den Ort in euch, an dem Gott sich befindet. Findet den Ort des Friedens und der Ruhe. Findet den Ort in eurem Herzen, wo ihr Gott hört, wo ihr das Herz Gottes wahrnehmt, wo ihr die Ruhe, nach Hause zu euch selbst zu kommen, spüren könnt. Denn das ist der Gott in euch, das ist eure innere Verbindung zur Quelle, und genau dort betet ihr. Dort fangt ihr mit eurem Dialog an. Ihr betet, als ob ihr mit eurem besten Freund sprecht, denn im Grunde tut ihr nichts anderes.

 Wie können wir das Wesen Gottes in uns finden? Wie können wir diesen Kern unseres Seins finden?

Es gibt viele Wege, und ich werde euch jeden einzelnen zeigen. Aber zunächst muß ich euch sagen, was euch daran hindert, diesen Ort zu finden, damit ihr wißt, wie ihr euch besser auf das Beten vorbereiten und die Stimme Gottes in euch wahrnehmen könnt.

Das Bedürfnis zu beten oder das drängende Gefühl danach entsteht oft dann, wenn ihr verzweifelt seid. Das ist gerade der schwierigste Augenblick, diesen friedlichen Ort in euch aufzuspüren, denn ihr seid gestreßt oder macht euch über irgend etwas Sorgen. Ihr spürt tiefen Schmerz über etwas, ihr weint, seid emotional sehr aufgewühlt. Aber das sind die Momente, in denen ihr euch beruhigen und mit Gott sprechen müßt. Ihr werdet seine Stimme nicht hören und diesen Ort des Friedens nicht finden, wenn ihr dem Streß und der Verzweiflung erlaubt, euch ganz einzunehmen.

Es ist wichtig, euch einen ruhigen Platz zu suchen, einen Ort, an dem ihr allein sein könnt, wenn ihr euch in einer derart angespannten Situation befindet. Wiegt euch vor und zurück, während ihr im Sitzen auf euren Atem achtet und den Gefühlen nachspürt, die ihr gerade habt. Versucht nicht, vor diesen Gefühlen wegzulaufen. Erlaubt euch, sie zu fühlen, denn sie wollen eurem Selbst etwas über euch mitteilen.

Wißt, daß dies nur ein besonderer Moment ist, in dem ihr euch tiefer auf euch selbst einlaßt und neue Erkenntnisse über euch erhaltet, Dinge erfahrt, die ihr über viele Leben ignoriert habt und die eine Schwäche in euch darstellen. Wenn ihr diese Dinge entdeckt, lernt ihr euch selbst kennen und entwickelt euch weiter, da ihr sie nicht verdrängt. Es ist ein absolutes Muß, daß ihr diese Dinge aufdeckt. Deshalb stellt euch eure Seele vor Herausforderungen – damit ihr euch mit Dingen auseinandersetzt, die ihr noch lernen müßt, die ihr noch wahrnehmen müßt, um die Kraft in euch zu entfalten.

Erlaubt euch also, diese Gefühle zu fühlen. Legt eure rechte Hand über euer Herz und eure linke über das zweite Chakra* und atmet bewußt ein und aus. Atmet in euer Innerstes hinein, atmet in die Mitte eures Wesens hinein. Rennt nicht vor euch selbst weg. Lernt euch selbst kennen. Schaut euch eure Schwachpunkte an, denn diese Schwachpunkte sind ein Teil eures kleinen Selbst, in das ihr lernen müßt hineinzuwachsen, das ihr lieben und pflegen müßt.

Laßt euch auf eure Gefühle ein und schaut euch die Themen an, die hochkommen. Schaut euch genau an, was es ist, das euch stört. Betrachtet die Angelegenheit in ihrem ganzen Ausmaß. Ihr habt diese Dinge oft einfach nur in euren Köpfen hin- und hergeschoben. Ihr habt euch abgelenkt, anstatt euch den Themen wirklich zuzuwenden. So geistern sie in euren Hinterköpfen herum und belasten euer aurisches Feld. Das verhindert, daß euer gesamtes Wesen immer mehr Klarheit entwickelt.

---

* Das zweite Chakra ist ein Energiezentrum, das sich etwa fünf Zentimeter unterhalb des Bauchnabels befindet.

Beispielsweise geht es um deinen geliebten Partner, mit dem du in einer Beziehung lebst, der sich aber trennen will. Es bricht dir das Herz, da du diesen Menschen liebst, tiefe Gefühle für ihn empfindest und seine Gesellschaft genießt. Nun willst du seine Freundschaft nicht verlieren und bist verzweifelt. Du spürst den Verlust zukünftiger Zeiten, die du mit ihm zusammen verbringen wolltest, um das Leben gemeinsam zu genießen, und du empfindest es als einen großen Verlust, weil du meinst, dich an diesen Dingen wohl nie wieder in deinem Leben erfreuen zu können.

Laß dich auf deine Gefühle ein, tauch in dein Inneres ein und spüre, was dein kleines Kind im Inneren empfindet. Dieses Kind fühlt sich möglicherweise verlassen, oder es fühlt sich abgewiesen. Dies sind aber Themen, die nicht durch das gegenwärtige Problem hervorgerufen wurden. Dahinter stecken alte, uralte Muster, die bereits viele Leben lang in dir sind. Du fragst dich also: „Warum reagiere ich so?" Dann entdeckst du, daß diese alten Schmerzen und Ängste im Grunde gar nichts mit dem gegenwärtigen Problem zu tun haben, sondern daß sie sich nur wieder in dein Bewußtsein gedrängt haben, damit du sie dir anschauen kannst und in deinem Prozeß der Selbsterkenntnis weiterkommst. Nun merkst du, daß Teile deines Selbst lange Zeit verdrängt und verloren waren.

Du schaust dir das Thema an und sagst: „Ich fühle mich verlassen. Ich glaube, ich werde nie wieder jemanden in meinem Leben lieben. Ich bin verloren. Ich fühle mich ungeliebt. Mich wird keiner mehr lieben." Du atmest dann in dein Herz, du atmest in das Herz deines kleinen Kindes, das mitten in diesem Schmerz sitzt. Du sagst dem Kleinen, daß du für es da bist, daß du ihm helfen und dich um es kümmern wirst. Du bist da, um ihm dabei zu helfen, die Ursache seines Leids herauszufinden und es zu trösten. Du bist da, um ihm die Antworten zu geben, die die Liebe in seinem Herzen wieder fließen lassen wird.

Dieses kleine Kind wird allmählich ruhiger, da es das Gefühl bekommt, umsorgt zu werden. Dieses Kleine fühlt sich nicht mehr verlassen, spürt, daß sich jemand um es kümmert, und dieser jemand bist du, denn die ganze Welt deines Wesens ist in dir.

> Du bist deine eigene Mutter.
> Du bist dein eigener Vater.
> Du bist dein eigenes Kind.
> Du bist dein(e) eigene(r) Freund(in).
> Du bist dein(e) eigene(r) Geliebte(r).

Du bist all diese Personen für dich selbst, und andere Wesen außerhalb von dir spiegeln dir nur die unterschiedlichen Teile deines Selbst wider. Es ist nur deine mangelnde Selbsterkenntnis – das Sich-nach-innen-Wenden, um diese Dinge zu entdecken –, die dich von den verschiedenen Aspekten deines Selbst abgetrennt hat. Sie waren schon immer da und haben nur darauf gewartet, von dir wahrgenommen zu werden, aber man hat dir bisher nicht beigebracht, wie du sie aufspüren kannst.

Wenn du beginnst, das Innere in dir zu spüren, dieses innere Kind, das Schmerz und Angst empfindet, wirst du zu der Mutter oder dem Vater oder dem besten Freund oder dem Geliebten dieses inneren Kindes und beginnst es zu lehren, was es tun kann, wie es sein Leben führen kann und wie es erkennen kann, daß es geliebt, umsorgt und genährt wird. Es fühlt sich dann nicht mehr so verlassen, da es langsam merkt, daß es nie allein ist, daß es immer in seiner eigenen Gesellschaft ist, daß es sein eigenes Universum in sich selbst trägt.

Du beginnst jetzt, den Teil in dir zu entdecken, der Gott ist, denn der Teil, der in deinem Inneren ist, der Gott ist, ist dein inneres Universum. All diese Aspekte bilden dein Selbst. Wenn du beginnst, mit deinem Inneren zu sprechen, wirst du auf alles, was dich innerlich bewegt, eine Antwort finden.

Während du durch diesen Prozeß, dein verletztes inneres Kind zu spüren, gehst und dabei deine linke Hand über dein zweites Chakra, deine rechte über das Herzchakra legst, ruhig atmest, dich hin und her wiegst und dich mit deinem inneren Kind auseinandersetzt, kommst du allmählich in einen Zustand des Geborgenseins. Aus diesem Zustand entspringt der Frieden. Führe deine linke Hand nach oben und lege sie über die rechte, wobei die Daumen sich leicht berühren, höre mit dem Wiegen auf und werde ruhig, atme in deine Mitte, dieses Zentrum deines Seins.

Du
  wirst
    feststellen,
      daß
        Gott
          dort
            wohnt.

2

Das Reinigen der Aura

Meine geliebten Kinder,

Wenn ihr euren Weg der Selbsterkenntnis geht und mit diesem inneren Ort Gottes, der in euch wohnt, mit eurem eigenen inneren Universum, vertraut werdet, könnt ihr bald die Technik des inneren Betens und Meditierens anwenden, um euch selbst im Arbeitsleben, in beruflichen Entscheidungen, in Beziehungen zu Menschen und im täglichen Leben zu helfen. Denn dies ist wahrhaftig der Plan Gottes, seine Kinder wieder zurückzuführen, sie in seinem Herzen wieder zu vereinen, so daß sie im erwachten Christusbewußtsein leben. Mit dem erwachten Christusbewußtsein zu leben bedeutet, sein ganzes Leben, alles im Leben aus der ständigen Verbindung zur inneren Quelle heraus zu führen.

Wenn ihr diesen inneren Ort des Friedens gefunden habt und eure rechte Hand auf euer Herz legt, die linke darüber, so daß die Daumen sich leicht berühren, werdet ihr spüren, wie dieser Kern eures Wesens lebendig wird. Bleibt eine Weile in dieser Position aufrecht sitzen, mit euren Händen auf eurem Herz, und atmet etwa fünf bis zehn Minuten lang bewußt. Erlaubt euren Gedanken nicht, euch abzulenken. Ruht einfach in diesem inneren Frieden. Findet diesen Wesenskern in euch, dieses Herz, und bleibt in diesem Frieden fünf bis zehn Minuten – in absoluter Klarheit. Ihr könnt mit Sicherheit keine Entscheidungen treffen, wenn ihr Angst habt, überanstrengt oder unausgeglichen seid. Ihr müßt euch zu diesem Ort des Friedens begeben, der euch Klarheit gibt. Hier ist die Quelle eurer Freude, der Freude, die euch eine Antwort finden läßt auf all eure inneren Fragen.

Fangt an, eure Fragen zu formulieren, Fragen, die ihr zu eurer Arbeit oder euren Beziehungen stellen wollt. Doch achtet darauf, eure Fragen so klar wie möglich zu formulieren. Wenn eine Frage am Anfang nicht gleich klar herauskommt, stellt sie wieder und wieder, bis ihr die richtige Wortwahl gefunden habt. Wenn ihr euch eine Frage stellt, dann stellt sie so, als ob ihr sie mir stellt, als ob ihr euren besten Freund fragt. Drückt eure Frage in aller Klarheit aus, und hört genau zu, während ihr die Frage ausspecht, **denn mit der Formulierung der Frage werdet ihr** *spüren*, **wie sich die Antwort bereits herausschält.** Ihr werdet die Antwort in eurem Herzen hören, wenn ihr die Frage stellt.

 Wie geht man mit störenden Gedanken um, wenn man in der Meditation nach Antworten auf seine Fragen sucht?

Ihr müßt die störenden Gedanken aus eurem Energiefeld entfernen. Dazu gibt es verschiedene Techniken.

Mit Wasser kann das aurische Feld sehr gut gereinigt werden. Die Gedanken befinden sich in diesem Energiefeld. Stell dich unter die Dusche oder setz dich in die Badewanne, aber laß das Wasser auch über deinen Kopf fließen. Geh schwimmen, wenn du in der Nähe eines Schwimmbads oder Sees wohnst, und tauche auch deinen Kopf unter Wasser. Tauche ganz ins Wasser ein, um die Gedanken und den Kopf zu klären, und versuch, dabei kühles Wasser zu verwenden, damit auch dein Körper kühler wird und ein Temperaturunterschied spürbar wird.

Es ist sehr wichtig, morgens als erstes eine Dusche oder ein Bad in einem Fluß, einem See oder im Meer zu nehmen. Tauche ganz ein in das Wasser, damit dein aurisches Feld von der nächtlichen Ruhephase, von den Träumen gereinigt wird und du dich erfrischen kannst. Du wirst dich danach immer erfrischt fühlen. Wenn du nach einem anstrengenden Tag von der Arbeit zurückkommst, nimm nochmals eine Dusche oder ein Bad in einem Fluß, einem See oder im Meer. Tauche wieder ganz in das Wasser ein, auch mit deinem Kopf. Dein Kopf ist der wichtigste Teil, der gereinigt werden muß, da dadurch die Gedanken und die Arbeit des Tages weggewaschen werden.

Wenn das nicht hilft, mach einen Dauerlauf oder einen schnellen Spaziergang, etwas Dynamisches, was die Körperenergien anregt. Die physische Anstrengung, die du ein wenig spüren wirst, lenkt dich von dem Kopfzerbrechen ab und bringt dich in deinen Körper, damit du wieder den gegenwärtigen Moment wahrnehmen kannst. Das Ziel von alledem ist, in die Gegenwart zu kommen, denn Gedanken hindern dich daran, das Jetzt zu erleben. Diese Gedanken führen dich zu sehr in die Zukunft; aber es gibt keine Zukunft. Es gibt nur die Gegenwart, und **es ist deine Gegenwart, die deine Zukunft bestimmt.**

Geh also joggen, wenn du joggen kannst. Mach etwas Körperliches, das dich vom Kopf in den Körper fallen läßt. Während du joggst oder schnell spazieren gehst, finde einen Rhythmus, in dem du dich nach innen wenden kannst, und sage folgendes:

> Ich bin Gott.
> Ich bin Gott in vollkommener Gesundheit.
> Ich bin Gott in vollkommenem Licht.
> Ich bin Gott in vollkommener Weisheit.
> Ich bin Gott in vollkommener Liebe.
> Ich bin Gott in vollkommenem Herzen.
> Ich bin Gott in vollkommenen Gefühlen.
> Ich bin Gott in vollkommenem Sehen.
> Ich bin Gott in vollkommenen Augen.
> Ich bin Gott in vollkommener Wahrnehmung.
> Ich bin Gott in vollkommener Rede.
> Ich bin Gott in vollkommenem Mund.
> Ich bin Gott in vollkommener Zunge.
> Ich bin Gott in vollkommenen Ohren.
> Ich bin Gott in vollkommenem Zuhören.
> Ich bin Gott in vollkommenem Hören.

Fahre fort damit und nenne alle Teile deines Körpers und deren Funktionen – die physischen wie die feinstofflichen, die spirituellen wie auch die emotionalen Anteile.

Wenn du deinen Körper nicht bewegen kannst, wenn du dich in einer Situation befindest, in der dein Körper gelähmt ist und du ihn nicht bewegen kannst, dann benutze den

Atem. Atme so schnell wie möglich, um deine Aufmerksamkeit in deinen Körper zu bringen. Auch das Wasser ist sehr hilfreich, um deine Aura zu reinigen.

Wenn du vom Joggen zurückkommst, wirst du dich sicherlich ganz gut fühlen, da dein Kopf mit den „richtigen" Gedanken gefüllt sein wird, mit Gedanken, die die *Wahrheit* widerspiegeln.

Geh nicht an den Platz zurück, an dem du die grüblerischen Gedanken hattest. Setz dich beispielsweise nicht auf das Sofa, auf dem sie dich zuerst überfielen, oder an den Küchentisch, an dem dir die Gedanken in den Sinn kamen. Laß dich an einem anderen Platz in deiner Wohnung nieder. Du kannst dich an deinen Computer setzen oder an die Schreibmaschine, oder du setzt dich mit Papier und einem Stift nieder, um deine Fragen zu notieren. Schreibe alle Fragen auf, die du zu einer schwierigen Situation hast.

Du hast jetzt dein Energiefeld gereinigt, bist also bereit, einige Antworten zu empfangen. Erlaube ihnen, in dir aufzusteigen, tippe sie oder schreib sie nieder. Du wirst sehen, daß du tatsächlich diese Weisheit in dir trägst.

Wenn du anfängst zu grübeln, werden die Gedanken ständig in deinem Kopf kreisen, bis du etwas TUST, bis du deine Energie in Bewegung bringst, um diesen Gedankenkreis zu durchbrechen. Du gehst vielleicht radfahren. Oder hüpfst auf dem Trampolin. Oder du tanzt einen Hula-Tanz oder etwas anderes. Leg dir Musik auf, zu der du gerne tanzt, mach ein paar Yogaübungen, bewege dich aktiv. Mach Aerobics. Leg deine Lieblingsmusik auf, aber nicht eine, die diese Gedanken weiterhin unterstützen würde, sondern eine, bei der du in einen Zustand kommst, der dir guttut.

Wichtig ist, daß du dich bewegst und nicht einfach tatenlos sitzen bleibst, was im Grunde alle tun, auch wenn sie diesen Rat erhalten. Du liest dieses Buch und legst es dann zur Seite. Du wirst sicherlich einmal in eine derartige Situation kommen und denkst dann gar nicht daran, diese Techniken, die dir helfen können, anzuwenden. TU es!

Es gibt auch Bachblüten gegen das Grübeln. Die Bachblüte für grüblerische Gedanken, die sich im Kreise drehen, ist die White Chestnut. Verlaß dich aber nicht darauf, literweise White Chestnut in dich hineinzuschütten. Du mußt die störende Energie bewegen! Du mußt dich bewegen, denn mit deinen Bewegungen kannst du dir selbst helfen. Die Bachblüten kannst du als Ergänzung zu den Bewegungen einnehmen.

3

Ängste –
und wie wir sie überwinden können

🌸 *Hat es etwas damit auf sich, Affirmationen und positive Visualisierungen zu machen? Beispielsweise seinen Körper morgens mit der Vorstellung zu waschen, daß man alle negativen Energien des vergangenen Tages oder der Nacht wegspült?*

Ich will nicht behaupten, daß alle diese Energien negativ sind. Ich sage lediglich, daß der Körper von diesen Energien gereinigt werden sollte. Bewerte sie nicht als negativ oder positiv. Es sind nur Energien.

Ja, in der Tat, es hilft auch, Affirmationen aufzuschreiben und auszusprechen. Du sitzt etwa in einem Flugzeug und denkst nur noch an deine Angst vor dem Fliegen – an nichts anderes mehr. Es ist jedoch schwierig, einfach aufzustehen und durch das Flugzeug zu joggen. Oder du hast Angst, Auto zu fahren, wieder ein Ort, an dem du nicht einfach aufstehen und dich bewegen kannst. Du mußt also still sitzen und anfangen zu atmen und deine rechte Hand über dein Herzchakra, die linke über dein zweites Chakra legen und hineinatmen. Erschaff dir deine Affirmationen zu allem, was du dir wünschst. Erlaube dir nicht, dich weiterhin den Gedanken über das, was du nicht willst, auszuliefern.

Einige Ängste sitzen sehr tief und sind sehr stark, so daß es ein ziemlicher Kampf für dich sein kann, sie loszuwerden. Du wirst dafür vielleicht ein paar Stunden brauchen, aber das ist in Ordnung. Bewerte dich nicht danach, ob du diese innere Arbeit nun machst oder nicht oder ob du dabei erfolgreich bist oder nicht. Es werden sich immer wieder Gedanken in deinem Hinterkopf einschleichen, aber von dem Moment an, in dem du sie bemerkst, gib ihnen keinen Raum mehr. Sag dir: „Diesen Gedanken lasse ich nicht zu. Es ist nur meine Angst, die sich meiner bemächtigen will." Sage dann, was du wirklich willst: „Ich liebe das Fliegen! Ich fahre sehr gerne Auto! Ich genieße es. Es ist wundervoll. Ich bin in Sicherheit. Ich fühle mich sehr wohl."

Wiederhole diese Gedanken immer wieder und fühl sie, während du sie sagst, spür, wie sie in deinem Körper Resonanz finden. Atme diese Gedanken ein, atme diese wunderbaren Gedanken ein. Erlaube den Bildern deiner Angst nicht, sich einzumischen, denn sie werden es versuchen. Vieles von dem ist nur ein Spiel deines Geistes mit deinem Geist. Dein Geist kann aber auch auf positive Weise spielen! Du kannst die Situation in etwas Angenehmes umwandeln, indem du mit deinem Geist spielst.

Du kannst dir Gottes Hand vorstellen, wie sie das Flugzeug trägt und es sicher zu seinem Ziel führt. Du kannst dir vorstellen, wie diese Hand das Flugzeug anhebt, während es abhebt, es durch die Wolken immer höher steigen läßt, seinem Ziel immer näher bringt. Wenn du wüßtest, wie mächtig dein Geist ist! Stell dir vor, alle anderen Menschen im Flugzeug haben die gleichen Gedanken. Du brauchst jetzt keine Angst davor zu haben, daß das Flugzeug zu hoch fliegt, nur weil so viele Menschen daran denken!

Visualisiere das Bild genau. Stell dir vor, wie Gott in deinem Auto hinter dem Lenkrad sitzt, den Wagen lenkt, Gaspedal und Bremsen bedient, den Motor auf perfekte Weise funktionieren läßt. Atme diese Vorstellung in dein Auto. Das kannst du auch tun, wenn das Flugzeug durch Turbulenzen fliegt. Siehe, wie Gottes Hand das Flugzeug sicher hält, siehe, wie die Luftmassen vor dem Flugzeug auseinanderdriften und freie Fahrt in ruhige Luftströmungen geben. Mit all diesen Vorstellungen kannst du sehr schön spielen.

Wenn du beim Schwimmen Angst vor dem Wasser hast, aber gerne hineingehen möchtest, tu dies ganz langsam. Atme dabei bewußt. Atme den Sauerstoff ein und stell dir vor, du wärest ein Ballon. Versuch dir vorzustellen, daß der Ballon absinkt. Ein Ballon kann aber nicht untergehen, da er mit Sauerstoff gefüllt ist. Visualisiere dann, daß dein Körper voller Sauerstoff ist. Atme ein und versuch, dich auf dem Rücken treiben zu lassen. Wenn du es nicht alleine kannst, laß dir von jemanden helfen oder zieh eine Schwimmweste an, die dich im Wasser trägt.

Sinke ein wenig im Wasser nach unten während du ausatmest, laß dich nach oben treiben, während du einatmest, und fühl, wie du in diesem Prozeß getragen und unterstützt wirst. Spüre die Weichheit des Wassers um dich herum, atme ruhig weiter und entspann dich, atme ein, während du nach oben treibst, und aus, während du ins Wasser eintauchst. Du brauchst nur einzuatmen, und schon steigt dein Körper nach oben. Auf diese Art und Weise kannst du dich an das Wasser gewöhnen und dabei entdecken, wie dein Körper reagiert, wenn du dich treiben läßt oder schwimmst.

4

Dich selbst kennenlernen

Meine Herzallerliebsten,

Ich komme heute abend – nach eurer Zeitvorstellung – zu euch, um darüber zu sprechen, wie ihr eure Individualität entwickeln könnt, denn ihr vermischt euch immer wieder mit den Energien anderer Menschen. Ich werde auch über die Notwendigkeit sprechen, die eigene Individualität zu bewahren, dabei aber das Ego und die Persönlichkeit loszulassen.

🌺 *Wie kann man das erreichen?*

Es ist wichtig, euch jeden Tag Zeit zum Beten zu nehmen, allein mit Gott zu sein, mit eurem inneren göttlichen Selbst, euren Gefühlen nachzuspüren, die Reinheit eurer Seele zu erkennen. Wenn ihr in der Gesellschaft anderer Menschen seid, vermischen sich eure Energien miteinander. Es wird schwierig, eure eigene Energie von der der anderen zu unterscheiden und eure Verbindung zu eurem eigenen göttlichen Selbst aufrechtzuerhalten. Deshalb ist es unerläßlich, euch tagsüber Zeit zu nehmen, um euch zurückzuziehen, genauso wie ihr duscht, um euren Körper zu reinigen, einen Spaziergang macht, um euer Inneres zu klären.

Nehmt euch die Zeit. Nehmt euch tagsüber einen Augenblick Zeit, um eure Energie allein zu spüren, um euch mit euren inneren Führern zu verbinden, mit eurem Selbst, mit euren eigenen Gedanken, euren eigenen Empfindungen, um innerlich klar zu bleiben, um eure Gefühle von denen anderer unterscheiden zu können und um wieder in dieses Zentrum, diesen Raum in eurer Mitte, der euer eigener ist, zu kommen. Versteht ihr, was ich meine?

 Ja.

Ihr beide, Ileah und Wolfgang, ihr werdet in diesen zwei Wochen hier auf dieser wunderschönen Insel Dinge erfahren, die euch eine Vorstellung von all dem vermitteln, was ich in diesem Buch zum Ausdruck bringen will. Gebt also euren Gefühlen, gebt diesen Erlebnissen Raum, da sich durch sie die Lehren herauskristallisieren, die ich in diesem Buch mit euch teilen will.

Ich möchte nun, daß ihr mir Fragen stellt über die Bedeutung von Individualität, die Bedeutung der Integrität des Selbst, die Bedeutung von Selbstliebe und Selbsterkenntnis.

 Wie lebt man sein Selbst, ohne zu sehr ins Ego abzurutschen, was dazu führt, daß man egozentrisch und anmaßend anderen gegenüber wird?

Es geht um die feine Ausgewogenheit. Man findet dieses ausgewogene Verhältnis, indem man mit sich allein ist, Raum für sich selbst schafft, seine Gedanken sammelt und sie harmonisch und ausgeglichen werden läßt. Wenn du dir über etwas den Kopf zerbrichst, mach die Übungen, die ich zuvor beschrieben habe, wie etwa Joggen, Spazierengehen, Baden, Schwimmen. Beweg dich aktiv, um deinen Geist zu klären. Oft sind diese Gedanken die der anderen, und oft sind es deine eigenen, die in Unordnung geraten sind.

 Ich ertappe mich manchmal dabei, daß ich Äußerungen von anderen abwerte, aber es kann auch passieren, daß ich zuviel von anderen annehme oder vieles zu persönlich nehme. Wie geht man mit Äußerungen von anderen um? Ist es wichtig, offen für Kritik und Anregungen zu sein? Wo ziehe ich dabei die Grenze?

Wenn man nicht ausgeglichen ist und sich selbst nicht gut kennt, können einen die Meinungen anderer sehr leicht verunsichern. Am allerwichtigsten ist die *Selbsterkenntnis* (sie steht an erster Stelle). Das bedeutet, dich selbst zu erkennen in deiner Beziehung zu Gott in deinem Inneren – dem Grund, warum du auf dieser Erde bist –, zu erkennen, wo deine Talente und deine Fähigkeiten liegen, was dein Beitrag ist und deine Beziehung zu Gott. Dich selbst so umfassend wahrzunehmen, daß andere Menschen dich nicht mit ihren Projektionen und Unzulänglichkeiten aus der Bahn werfen können, in dem Wissen, daß es dein eigenes Selbst ist, das dich als Mensch ausmacht.

Du mußt also, mein lieber Wolfgang, das, was dich selbst ausmacht – die Person, die du in deinem Inneren bist – leben, innere Stärke und Überzeugung entwickeln und tief in deinem Inneren wissen, daß es richtig ist, daß es wahr für dich ist, daß es dein Herz ist und nicht dein Ego oder die Extreme deiner Persönlichkeit. Du mußt wissen, daß es deine eigene Liebesbeziehung zu Gott ist. Manchmal drücken andere ihre Gefühle aus oder geben dir ein Feedback, damit du in deiner Selbsterfahrung weiterkommst, manchmal wirst du aber auch mit Projektionen anderer konfrontiert. Deshalb mußt du dich selbst gut kennen, um unterscheiden zu können, was was ist.

Aber wie lernt man sich denn selbst kennen?

Indem du dein Leben lebst, deine Erfahrungen machst und ehrlich dir selbst gegenüber bist:

- ehrlich mit deinen Stärken und Schwächen umgehst;
- ehrlich in deiner Erkenntnis bist, welche Qualitäten du noch weiter entwickeln mußt;
- ehrlich in dem bist, wovon du dich entledigen mußt, was du herausschmeißen mußt, Dinge, die dich daran hindern, zur Herrlichkeit dieser Welt beizutragen;
- ehrlich im Erkennen deiner Stärken und Fähigkeiten und in deren Entwicklung bist. Du mußt genügend Entschlossenheit, genügend Ehrgeiz und genügend Konzentration haben, um all diese Eigenschaften zur vollen Blüte zu bringen.

Es läuft wohl alles auf das fundamentale „Erkenne dich selbst" hinaus. Es gibt so unendlich viele Fragen, die sich aber alle auf diesen Selbsterfahrungsprozeß der Selbsterkenntnis reduzieren lassen.

Es geht darum zu wissen, wozu du bereit bist, warum du hier bist, was deine Ziele im Leben sind, worin dein Beitrag besteht und in Einklang damit zu kommen. Es geht darum zu wissen, daß viele Dinge in deinem Leben geschehen werden, die dich in diesen Fragen weiterbringen. Du mußt bereit und offen dafür sein, diese Dinge anzugehen, wenn sie sich dir zeigen, wenn sie sich dir offenbaren.

Wenn du dir im klaren darüber bist, warum du hier bist – worin deine höhere Bestimmung liegt, um einen Beitrag zu diesem Planeten, der ganzen Menschheit und zu deinem göttlichen Selbst und deiner Entwicklung zu leisten –, wenn dir diese Dinge klar sind, wirst du genügend Gelegenheiten bekommen, sie zu verwirklichen, weil dein Wesen diese Dinge anziehen wird. Es ist deine Klarheit, die sich in deinem aurischen Feld, in deinem Magnetfeld manifestiert. Andere Menschen werden dies bei dir spüren. Die entsprechenden Gelegenheiten wirst du automatisch anziehen. Das ist Magnetismus! Ich schlage deshalb vor, herauszufinden, was deine Aufgabe hier ist und dich darauf zu konzentrieren. Und die Gelegenheiten wahrzunehmen, die dir zu deiner Entfaltung verhelfen.

 Wie sinnvoll sind die klassischen Methoden der Transzendentalen Meditation oder des Autogenen Trainings? Ist es denn nicht gut, diese zu praktizieren?

Natürlich sind all diese Dinge gut, aber du mußt daran denken, daran zu denken. Das ist letztendlich das Ziel! Versuch, in dein Herz zu gehen und zu spüren, wer du bist. Schreib es auf: „Wer bin ich?" Schreib es auf und entdecke deine persönlichen Qualitäten. Finde heraus, was du hier zu tun hast. Finde heraus, wobei du am meisten Lebensfreude empfindest. Erwarte nicht zu viel, bevor du anfängst zu schreiben. Fang einfach an zu schreiben. Es wird aus dir heraus fließen. Du wirst überrascht sein. Du denkst womöglich, daß dir nichts einfallen wird. Du denkst vielleicht, daß du hoffnungslos verloren und nichts wert bist. Dann beginnst du aufzuschreiben, wer du bist, was du hier tust, was dir am meisten Freude bereitet, was du am liebsten tust und was du am liebsten geben willst. Begrenze dich nicht! Schreib nicht mit der Einstellung, daß du gewisse Dinge tun, andere aber nicht tun kannst. Schreib einfach all das auf, was du am liebsten tust.

Du wirst überrascht sein. Jeder hat irgend etwas zu bieten. Du hast dir nur noch nicht die Zeit genommen, es niederzuschreiben, dich still hinzusetzen und herauszufinden, wer du bist. Das ist der erste Schritt, und dann wirst du dich zu bestimmten Büchern, bestimmten Seminaren, bestimmten Meditationstechniken hingezogen fühlen. Aber finde heraus, wer du bist! Erkenne dich selbst und deine Beziehung zu Gott. Gott wohnt in dir. Du und Gott, ihr seid eins. Du bist hier als der vollkommene individuelle Ausdruck Gottes. Du bist hier, um dieses auf die bestmögliche Weise auszudrücken.

Also ist Meditation nicht der einzige Weg, um dich so gut wie möglich auszudrücken. Sie ist nur ein Weg, um deinen Geist zu beruhigen, um dich von störenden Gedanken zu befreien. Wenn du aber damit fertig bist, weißt du dann, wer du bist? Selten. Erwarte deshalb nicht zuviel von diesen Methoden, auch wenn sie alle gut für deine Entspannung sind.

Wirklich entscheidend ist, dich selbst zu finden und deine Beziehung zu Gott in dir. Du erschaffst dein Leben gemeinsam mit Gott. Gib dein Leben Gott hin. Sprich zu ihm, denn Gott ist in dir, er ist nicht dieses riesige Etwas außerhalb von dir. Sprich zu Gott, denn Gott ist in dir. Sei eine gute Mutter oder ein guter Vater zu diesem Wesen in deinem Inneren, das langsam in seine Göttlichkeit wächst. Sei ein guter Elternteil. Führe dieses Wesen. Führe dieses Wesen, das du bist. Zeig ihm immer den Weg zu den richtigen Entscheidungen, zu den besten Entscheidungen, die *dem höchsten und umfassendsten Wohl aller Beteiligten* dienen, und nicht nur seinem eigenen. Sei eine gute Mutter oder ein guter Vater zu dir selbst.

Es gibt viele Wege, um zu sich selbst zu kommen. Atmen ist eine hervorragende Methode, aber du mußt deinen Geist auf dein Inneres lenken, während du atmest. Stell dir Fragen, auf die du eine Antwort erhalten möchtest, während du atmest. Wenn du nichts anbietest, wirst du auch nichts zurückbekommen. Versuch dich zu sammeln. Wenn du Antworten suchst, dann atme und laß dich durch den Atem auf eine Reise mitnehmen, eine Reise zu dir selbst, die dich in dein Einssein, in deine Essenz zurückbringt.

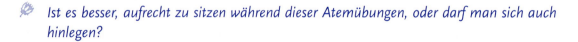 *Ist es besser, aufrecht zu sitzen während dieser Atemübungen, oder darf man sich auch hinlegen?*

Es hängt davon ab, wie sich dein Körper fühlt. Manchmal möchtest du dich hinlegen, ein anderes Mal sitzen. Entscheide einfach jedes Mal neu. Du kannst dich auch hin und her wiegen. Du kannst dein Rückgrat bewegen und die Kundalini-Energie entlang der Wirbelsäule hochziehen. Du kannst deinen Körper schütteln, während du atmest. Laß deinen Körper dir mitteilen, was er machen möchte, aber schlaf nicht dabei ein, denn das kann leicht im Liegen passieren. Im allgemeinen ist es sinnvoller, aufrecht zu sitzen, weil du so wacher bleibst. Stell dir vor, wie dein Kronenchakra sich mit dem Himmel über dir verbindet, und zieh das

Licht in deinen Körper hinunter. Das geht sehr gut, wenn du es im Sitzen machst, verstehst du? Denk also daran, aufrecht zu sitzen.

 Was ist der Sinn des Lebens?

Der Sinn des Lebens ist, eins zu werden mit Gott und Schönheit, Lebensfreude, Liebe, Verständnis, Mitgefühl, Kreativität und alle Dinge, die das Leben schöner machen, auszudrücken. Deshalb seid ihr hier. Wenn ihr diese äußeren Aktivitäten umsetzt, werdet ihr eins mit dem Sinn eures Lebens.

 Dann hat also jeder den gleichen Sinn im Leben?

Alle Wesen haben ihre individuelle Art, ihn auszudrücken. Jeder Mensch erfüllt ihn auf einzigartige Weise, aber der Sinn des Lebens liegt in der Entdeckung, daß er eins ist mit Gott. Jeder von euch wird dies auf seine einmalige Art ausdrücken: die einen durch Musik, die anderen durch Schreiben, durch Architektur, durch das Bauen von Schiffen, durch die Entwicklung von Transportmitteln, durch künstlerische Entwürfe, durch Gartenarbeit, durch Kinderkriegen und Erziehung, durch spirituelle Weltanschauungen. Man kann diese Aufzählung endlos weiterführen. Das Wesentliche daran ist, daß all dies aus Freude geschieht, der Freude, **das zu tun, was jedem einzelnen höchste Zufriedenheit verschafft.**

 Unsere täglichen Verpflichtungen sind ja bekanntermaßen nicht immer sehr angenehm, wodurch wir die Freude aus den Augen verlieren oder sie völlig vergessen. Ich erlebe viele Menschen, die das in ihrem Leben tun, wozu sie hergekommen sind. Haben sie aber erst einmal ihr Ziel erreicht – ihr Studio, ihre Firma, ihren Verlag –, so verlieren sie es wieder, weil sie etwa in finanziellen Schwierigkeiten stecken.

Ihr sucht alle den Sinn im Endresultat. Der Sinn des Lebens liegt aber darin, durch den Prozeß, durch die Erfahrung hindurchzugehen. Und indem ihr die Herausforderungen meistert, wächst eure Weisheit.

Ihr strebt nach etwas, was euch höchste Zufriedenheit bereitet, aber auch Herausforderungen mit sich bringt, die euch weise werden lassen. Das ist ein Teil des Weges. Erfahren zu werden muß nicht unbedingt mit etwas Schrecklichem verbunden sein. Ihr könnt in jeder Situation ein Glücksgefühl haben. Ihr könnt euch darüber freuen, daß ihr Erfahrungen durch eine herausfordernde Situation sammelt. **Es geht nicht um das Endresultat, sondern um den Weg dorthin.**

Wenn du vor dem Endresultat stehst, hast du kein Ziel mehr, und du wirst dir eine neue Aufgabe suchen wollen. Es gibt also kein Ende. Wenn du dein Ziel erreicht hast, dann hast du die Mauer bezwungen und hältst Ausschau nach der nächsten, die du überwinden kannst, nach einem weiteren Gipfel, den du einnehmen willst, in der Hoffnung, daß du es dann geschafft hast. Du erreichst die Spitze, und dann? Du sitzt einfach dort, und deine Seele sagt dir: „Ich will mehr." Dies erlebst du Leben für Leben, bis du deine Heimreise antrittst.

Es sollte also unser Ziel sein, immer an die Freude zu denken?

Es gibt kein Ziel. Du setzt dir ein Ziel, aber es ist nicht das, wonach du suchst. Mein Lieber, du glaubst immer, daß es das Ziel ist, was du erreichen willst. Aber dadurch übergehst du die Reise an sich. Der Weg ist das Ziel. Auf diesem Weg zu **sein**, das ist es.

Wie kann ich aber diese Freude empfinden, wenn ich mit Herausforderungen konfrontiert werde? Es fällt immer schwer, zufrieden und glücklich zu sein, wenn die Seele vor großen Problemen steht.

Hör auf, Widerstand gegen Herausforderungen zu leisten, und laß dich nicht emotional in sie verwickeln. Solange es darum geht, dein Leben in den Griff zu bekommen, sind sie nichts weiter als eine Probe. Du hast dich so sehr in sie verstrickt, daß dir der Abstand fehlt. Du denkst, daß du die Herausforderung bist. Sie wird ein Teil von dir. Sie ist aber in Wirklichkeit einfach nur eine Erfahrung, die dir wieder neue Erkenntnisse bringt. Du mußt einen Schritt zur Seite treten, dich nicht von ihr einnehmen lassen und sie aus der Ferne betrachten. **Genieß** die Herausforderung! Leiste keinen Widerstand. Wisse, daß es nur eine neue Lernerfahrung ist, nicht mehr und nicht weniger.

Ich bitte dich jetzt, ich bitte jeden Leser, euch einen Moment Zeit zu nehmen und aufzuschreiben, wer ihr glaubt zu sein, welches Geschenk ihr dieser Welt mitgebracht habt und was eure Aufgabe hier in diesem Leben ist.

5

Gedanken sind Wirklichkeit

(Lernt, eure eigene Wirklichkeit zu erschaffen)

Meine über alles geliebten Kinder,

*I*ch möchte heute über Menschen sprechen, die nicht so privilegiert sind wie ihr: die Menschen auf der Straße. Wie geht ihr mit ihnen um, wie sprecht ihr mit Menschen, die verzweifelt sind? Schiebt ihr sie beiseite oder ignoriert ihr sie?

Sie alle sind Menschen. Sie haben einfach nur ihren Weg verloren und tun ihr Bestes in ihrer Verzweiflung. Versucht Mitgefühl in euren Herzen zu empfinden. Schiebt es nicht beiseite. Es ist ein Geschenk, das Geschenk euer eigenen Menschlichkeit, Mitgefühl für andere zu empfinden, denn sie sind wie ihr, und sie hätten genausogut ihr sein können. Also schiebt diese Menschen nicht beiseite, weil ihr Angst habt, daß ihr genauso hättet werden können. *Atmet tief ein*, *schaut hin* und *nehmt wahr*, wie es diesen Menschen in ihrem Zustand geht.

Fragt euch:

Wie kann ich ihnen helfen, damit sie sich ganz und innerlich frei fühlen? Wie kann ich diesen Menschen beibringen, daß auch sie das Göttliche in sich tragen und daß auch sie ihre Wirklichkeit selbst gestalten können, um Ausgewogenheit zu erfahren, daß auch sie darauf vertrauen können und daß für sie gesorgt wird? Was kann ich tun, damit sie sich daran erinnern? Unterstütze ich sie nur in ihrem momentanen Zustand, oder versuche ich sie durch Worte der Weisheit aufzurichten, durch tiefes Mitgefühl?

Nehmt euch etwas Zeit und verbringt sie mit diesen weniger glücklichen Menschen, um eure Liebe auszudrücken. Nehmt euch einen Moment, um sie daran zu erinnern, daß Gott auch in ihnen wohnt, und findet diesen Ort in ihnen, an dem sie sich Gott hingeben können, ihm vertrauen können, und visualisiert dann, was ihnen die größte Freude bereiten würde.

Sagt ihnen, sie sollen diese Vorstellung immer in sich lebendig halten. Dadurch wird sich einiges ändern, auch wenn es etwas dauern mag. Sie müssen zu dieser Vision werden, die dann auch ihr Energiefeld ausstrahlt. Dadurch werden sie sicherlich das anziehen, was sie denken. Ihre **Gedanken** werden sich zu **Dingen** materialisieren. Genauso wie ihre Verzweiflung ihre Realität geworden ist, so wird es auch die Freude werden. Ihre Vision von dem, was sie wirklich gerne täten, wird Wirklichkeit werden. Aber sie müssen Geduld haben und zulassen, daß dieses neue Energiefeld eins mit ihrem Sein wird.

Es ist eine Gedankenform, die ihren Körper durchdringt. Diese Gedankenform wird die Situationen anziehen, die ihre Vision wirklich werden läßt. Ihr könnt ihnen dadurch helfen, daß ihr ihr Bewußtsein schärft. Solange man dieses Bewußtsein nicht hat, gibt es auch kein Vorwärtskommen, man tritt auf der Stelle mit seinen Gedanken. Erst wenn dieses Bewußtsein **erweckt** wird, wird sich allmählich etwas verändern. Es wird wachsen und gedeihen in die eine oder andere Richtung, je nachdem, womit man es „nährt".

 Was ist, wenn es nicht auf fruchtbaren Boden fällt und die andere Person nicht offen dafür ist und alles abblockt?

Dies geschieht nur dann, wenn ihr nicht genügend Bewußtsein entwickelt habt und nicht im Einklang mit euch selbst seid. Als erstes müßt ihr ihnen Liebe geben. Schaut ihnen in die Augen und laßt sie spüren, daß ihr sie liebt. Ihr verurteilt sie nicht, ihr liebt sie. Laßt sie es spüren, nicht durch Worte, sondern einfach durch euren Blick. Laßt sie wissen, daß ihr sie in ihrer Situation versteht, weil ihr selbst auch mal in einer ähnlichen Situation wart. Das öffnet ihr Herz, dadurch entsteht Offenheit und Aufnahmefähigkeit.

Fangt nicht an, sie zu belehren, das führt nur dazu, daß sie sich sofort verschließen. Ihr müßt aus Mitgefühl, aus wahrem Mitgefühl auf sie zugehen. Dies kann nicht mit Worten ausgedrückt werden. Erlaubt eurer Liebe, einfach zu fließen, und sie werden von allein anfangen, Fragen zu stellen. Sobald sie Fragen stellen, sind sie auch bereit, die Antworten zu empfangen.

❖ ❖ ❖

Ich möchte noch mehr über Gedanken sprechen und wie wichtig diese Gedanken sind, wie wichtig es ist, daß ihr euch bewußt darüber werdet, wie real diese Gedanken sind. Im Anfang war das Wort, und das Wort war bei Gott. Das Wort ist ein Gedanke, und der Gedanke umgibt dich. Wenn ihr nur auf den höheren Schwingungsebenen sehen könntet, dann würdet ihr feststellen, daß Gedanken, die ihr durch euer aurisches Feld ausstrahlt, tatsächlich die Wirklichkeit erschaffen.

Wenn ihr wirklich daran glauben und es auch verstehen würdet, hättet ihr die Grundlage allen Lebens begriffen. Denn dies ist die Wahrheit, und dies ist auch die Bedeutung der ungetrübten Wahrnehmung. **Ungetrübte Wahrnehmung** (die Wahrnehmung setzt sich aus euren Gedanken zusammen) heißt, daß ihr eure Gedanken über das, was ihr zum Wohl der Menschheit beitragen wollt, so rein, so unbefleckt wie möglich haltet. Wenn euer Energiefeld stets damit ausgefüllt ist, könnt ihr gar nicht anders, als genau das anzuziehen, ihr werdet dann einfach dazu.

Ihr müßt jedoch diese Wahrnehmung täglich aufbauen und stärken. Deshalb sind das Gebet und die Meditation bei Tagesausbruch so wichtig. Ihr müßt euer Energiefeld ganz damit füllen, durch eure Gebete und Meditation, die nichts anderes als eure *Gedanken* sind. Und **eure Gedanken bilden euer Energiefeld.** Ihr werdet merken, daß ihr bald auch Gleichgesinnte anzieht.

Aber es werden andere Menschen, die schlechter dran sind als ihr, als Geschenk in euer Leben treten, damit ihr dieses Wissen mit ihnen teilen könnt. Dieses Wissen verpflichtet euch nämlich, es mit anderen zu teilen. Es ist euer Geschenk, das ihr Gott zurückgebt, der Einheit zurückgebt. Dieses Geschenk ist ein Grund, warum ihr hier auf Erden seid, denn es bereitet euch Freude, geben zu können. Deshalb ist es besser zu geben, als zu nehmen. Ihr braucht euch keine Sorgen über das Nehmen zu machen. Wenn ihr gebt, kommt alles zu euch. Allein durch die reine Freude am **Geben** entsteht Liebe.

Was eure Arbeit angeht, eure berufliche Tätigkeit, euren Selbstausdruck, so wird es oft passieren, daß ihr vom Weg abkommt, wenn ihr in dem Alter seid, das ihr das

„Erwachsenenalter" nennt, und einen Beruf erlernt, der nach eurem Empfinden eure Lebensaufgabe darstellt. Ihr werdet vergessen haben, wozu ihr hergekommen seid. Ihr habt die innere Verbindung zu euch selbst verloren und lebt statt dessen das, was den Idealen eurer Eltern, eurer Freunde oder der Gesellschaft entspricht. Ihr habt euch an euer Ego und eure Persönlichkeit verloren. Ihr habt diese innere Verbindung zu Gott verloren. Ihr müßt also einen Ort finden, an dem ihr in Stille mit euch sein könnt, um die Verbindung zu dem inneren Kind wiederherzustellen, mit dem ihr einst sehr glücklich wart.

Denkt an die Tage zurück, als ihr ein Kind wart, und überlegt, was ihr damals am liebsten gemacht habt, wo es euch hingezogen hat und mit welchen Gaben und Fähigkeiten ihr auf die Welt gekommen seid. Versucht euch daran zu erinnern. Fragt euch dann, was ihr mit diesen Talenten machen könnt, um das wunderschöne Wesen, das ihr seid, auszudrücken. Was könnt ihr der Welt dadurch geben? Fragt euch, wie ihr etwas geben könnt. Das wird euch in eure Liebe und eure Freude kommen lassen.

 Wie können wir ein Ziel oder eine Vision in der Welt verwirklichen ohne Geld, ohne die nötigen Mittel, die wir dazu brauchen?

Die Vision muß aus deinem Herzen kommen. Du mußt zu dieser Vision **werden**. Du mußt diese Vision **fühlen**. Es mag viele Jahre dauern, um sie in die Tat umzusetzen, aber du mußt an ihr festhalten. Erlaube dieser Vision, eins mit dir zu werden. Werde Teil dieser Vision und **bete**.

Bete dafür, daß durch deine Liebe zu dieser Vision, zu diesem Ausdruck, den du verwirklichen willst, die richtigen Menschen und die richtigen Umstände zusammenkommen werden, um dir zu ermöglichen, sie Wirklichkeit werden zu lassen. Dann laß dieses Gebet los. Überlaß es Gott und wisse, daß Gott alles so fügen wird, daß die richtigen Umstände und der richtige Zeitpunkt aufeinandertreffen.

Laß es aber nicht in dem Sinne los, daß du es vergißt. Laß es los **in dem Wissen**, daß deine Gebete erhört werden und daß du bei jeder sich ergebenden Gelegenheit und neuen Umständen deine Augen **offen** hältst, **wachsam** bist und **bereit** zu erkennen, daß sie Teil deiner Vision sein könnten. Und wie ich bereits sagte, laß nichts unversucht. Frag dich bei jedem, der in dein Leben tritt, ob er derjenige ist, der dir bei der Realisierung deiner Vision helfen kann. „Sende" deine Ideen aus. Teil sie anderen mit und laß sie wissen, daß du deshalb hier bist.

Was sollen wir denn in der Zwischenzeit tun, während wir darauf warten, daß sich unsere Vision verwirklicht? Das kann ja Jahre dauern. Ist es angebracht, einem „normalen" Beruf eine Zeitlang nachzugehen, auch wenn dieser nicht die höchste Zufriedenheit bietet, dafür aber den Lebensunterhalt sichert? Wie können wir mit diesem Widerspruch leben?

Dies ist kein Widerspruch. Es ist nur dann ein Widerspruch, wenn das, was ihr in der Zwischenzeit macht, nicht in Übereinstimmung mit eurem Lebensziel steht. Alle Dinge, die ihr tut, können mit eurem Lebensziel übereinstimmen. Wollt ihr zum Beispiel Architekt werden, müßt ihr eine Ausbildung machen. Aber die Schule ist nicht der einzige Weg, um diese Dinge zu lernen. Da ihr lernen müßt zu bauen, könnt ihr auch als Tischler arbeiten oder als Maler oder als Klempner, ihr könnt in allen Bereichen arbeiten, die etwas mit Bauen und Gestaltung zu tun haben, damit ihr ein Verständnis dafür entwickelt, wie Harmonie in Gebäuden aussieht, wie sich Harmonie in Räumen ergibt, wie eine harmonische Struktur der Räume zueinander entsteht. Versucht eine Arbeit zu finden, die euch auf dem Weg zu eurer Vision unterstützt.

Wenn ihr einen wunderschönen Ort erschaffen wollt, an dem Menschen wohnen und leben können, wie würdet ihr diese Schönheit präsentieren? Erlernt Gartenarbeit. Lernt Innenarchitektur. Arbeitet mit Menschen, indem ihr ihnen dient. Arbeitet in allen Bereichen, die eure Vision unterstützen, und sie wird Schritt für Schritt zu einer größeren Vision wachsen. Wenn ihr einen Ort erschaffen wollt, der ein internationales Flair hat, könnt ihr auf einem Dampfer arbeiten, als Bedienung, als Masseur oder Masseurin, als Schiffsjunge. Ihr könnt mit Menschen aus der ganzen Welt zusammenarbeiten, damit ihr mit den Sitten anderer Länder vertraut werdet, damit ihr schließlich als Gastgeber oder Gastgeberin Menschen von überall her an eurem Ort empfangen könnt. Ihr werdet mehr Verständnis für ihre Kultur haben und könnt sie dementsprechend besser aufnehmen.

Schafft euch Situationen, die eure große Vision fördern. Was braucht ihr, um eure Vision Wirklichkeit werden zu lassen? Wenn ihr gerne reist und ein Reisebüro gründen wollt, macht eine Ausbildung, die euch dazu befähigt. Später könnt ihr dann euer eigenes Reisebüro aufbauen. Ihr bietet vielleicht eigene Touren an. Überlegt euch, wie ihr eure ganz persönliche Note in euren Angeboten zum Ausdruck bringen könnt. Vielleicht wollt ihr euer spirituelles Selbst entfalten und bietet spezielle Führungen zu den spirituellen Orten der Welt an. Ihr werdet daran wachsen, all dies mit immer mehr Menschen zu teilen.

Manchmal erkennen wir gar nicht, was wir in diesem Leben erreichen wollen. Ich habe das Gefühl, daß schon allein die Suche danach, wie wir unsere Aufgabe umsetzen können, Türen öffnet und Gelegenheiten schafft. Verstehe ich das richtig so? Wir überblicken nicht alle Einzelheiten unserer Aufgabe, unserer Vision, das, was wir in diesem Leben realisieren sollen.

Natürlich seht ihr nicht das ganze Bild. Es geht um den Prozeß, denn es gibt ein Ziel und wiederum auch keins. Was macht ihr, wenn ihr ein Ziel erreicht habt? Ihr sitzt herum, denn das ist das Ende. Wollt ihr das, einfach nur dasitzen? Oder wollt ihr den Prozeß? Wenn ihr die Menschheit, das Weltgeschehen betrachtet, seht ihr, daß es nie aufhört, nie zu Ende ist. **Es befindet sich immer in einem Prozeß, im Prozeß der Inspiration.** Was uns Inspiration gibt, ist, unserem Herzen zu folgen – unserer tiefsten Sehnsucht nach dem, was wir tun wollen.

Um in das, was ihr werden wollt, vollkommen einzutauchen, müßt ihr euch ganz darauf einlassen, eins mit der Sache werden, wie ein Schauspieler, der mit seiner Rolle verschmilzt. Er ist nicht von seiner Rolle abgetrennt, sondern wird eins mit dem, was er spielen soll. Dies müßt ihr auch mit eurem Leben machen. Es ist wie bei einem Musiker, der sein Instrument spielt. Er „spielt" sein Instrument nur, wenn er von ihm getrennt ist. Aber irgendwann werden die Musik, das Instrument und er selbst eins. Seine Bewegungen und alles verschmelzen miteinander, und dann beginnt die Musik. Wie beim Theaterspielen werden der Schauspieler, seine Worte, seine Gefühle **eins**. Am Anfang lest ihr das Bühnenstück, stellt es euch vor, spielt damit, dann fangt ihr an, es einzustudieren. Und irgendwann mitten im Stück, bei einer bestimmten Szene, werdet ihr eins mit der Rolle. Ihr und die Rolle seid eins.

Das gleiche gilt im Leben. Ihr habt eine Vision von eurem Leben – darüber, wie ihr euer Leben jetzt leben wollt. Von außen seht ihr euch, diese Person, durch das Leben gehen. Ihr betrachtet sie von außen, als ob ihr ein Theaterstück lesen würdet, und dann taucht ihr in die Rolle ein. Ihr spürt Ausgeglichenheit, Verbundenheit. Diese Verbundenheit entsteht dann, wenn ihr im Leben eins werdet mit Gott, genauso wie der Schauspieler mit seiner Rolle eins wird, wie der Musiker mit seiner Musik eins wird.

Das erreicht ihr aber nicht, wenn ihr Distanz dazu haltet und alles nur beobachtet. Ihr bleibt dann ein Beobachter. Nur wenn ihr eintaucht und eins werdet mit der Musik, eins werdet mit dem Theaterstück, eins werdet mit dem Leben, könnt ihr etwas vollständig erschaffen: den **Himmel** auf Erden – euer Werk, das ihr **zusammen mit** Gott kreiert. Dann seid ihr mit dem Leben verbunden, nehmt eure Lernaufgaben an und werdet eins mit dem Leben. Ohne diese Qualität bleiben alle Worte nur leere Hülsen.

Eine Ballettänzerin ist anfangs nur eine Tänzerin, die ihre Bewegungen im Unterricht erlernt. Dann wird sie zu einer Tänzerin auf der Bühne. Sie ist nun eine Ballettänzerin auf der Bühne und wird irgendwann einmal zur Regisseurin und Choreographin, da sie anfängt, die Bewegung der Musik in ihrem Körper zu **spüren**. Dann ist sie zur Choreographin geworden. Sie ist eins mit dem geworden, was sie erschafft.

Ich möchte, daß ihr die neuen Erkenntnisse, die ihr über dieses Thema jetzt bekommen habt, mit eigenen Worten niederschreibt.

- Wie beeinflußt dieses Thema euer Leben?
- Beschreibt euer Leben. – Was macht ihr und wie findet ihr euren Weg?

Wenn ihr euer Leben Revue passieren laßt und dabei feststellt, daß eure Kindheit herrlich war, ihr dieses Gefühl aber über die Jahre verloren habt, fragt euch, was geschehen ist, daß ihr euch davon abgetrennt habt. Was ist mit euch geschehen, als ihr anfingt, außerhalb eures Lebens zu leben, es nur zu beobachten? Was ist mit euch passiert? Was hat dazu geführt, daß diese Trennung stattfinden konnte? Was hat euch von euch selbst abgetrennt? Was habt ihr in dem Moment gedacht, als ihr euch von euch selbst entfremdet habt?

Solange ihr euch nicht darüber bewußt werdet, solange werdet ihr die Schuld für eure jetzige Lebenslage bei anderen oder bei bestimmten Umständen und Dingen außerhalb von euch suchen. Ihr müßt zurück zu dem Punkt, an dem ihr euch von euren Glücksgefühlen abgetrennt habt. Was habt ihr getan, um diese Verbindung abzutrennen? Was geschah in eurem Leben? Was veränderte sich in eurer *Wahrnehmung*, so daß dieser Riß entstehen konnte? Was veranlaßte euch, anders zu denken? Was veranlaßte euch, euch in Frage zu stellen? Habt ihr den Eindruck, daß es gerade erst geschehen ist?

Dinge stoßen euch nicht einfach so zu. Wenn ihr andere Menschen oder die Umstände dafür verantwortlich macht und euer Leben nicht mehr selbst lebt, dann werdet ihr zu Opfern, und das, was ihr erschafft, wird ebenfalls ein Opfer sein. Weil ihr immer die Schuld für eure Erfahrungen auf die Außenwelt geschoben habt, werdet ihr nicht dazu kommen, das zu leben, was ihr wirklich seid, bis ihr herausfindet, wie ihr euch selbst abgetrennt habt. Darin liegt der Schlüssel! Geht zurück zu der Zeit, als ihr ein Kind wart – glücklich, verbunden mit euch selbst und eins mit Gott.

Ist es die Illusion, daß ihr nicht gut genug seid, daß ihr nicht ganz seid? Was fühlt ihr in eurem *Innern*, wenn ihr euch diese Frage stellt? Seid ihr aufgewühlt? Spürt ihr Wut? Steigt Trauer in euch hoch? Worüber seid ihr wütend, traurig oder aufgeregt? Über die anderen um euch herum, die euch dazu gezwungen haben, euch zu verändern? Oder seid ihr wütend auf euch selbst? Oder frustriert über euch selbst? Fragt euch, warum ihr Angst davor habt, euch diese Dinge anzuschauen.

Schaut euch und euer Leben genau an. Ärgert ihr euch darüber, daß euer Leben nicht so verläuft, wie ihr es euch vorgestellt habt? Denkt ihr, daß euer Leben immer paradiesisch sein sollte? Was ist es denn, was dieses innere Leben antreibt, damit es sich weiter entwickelt? Was würde euch denn den Impuls geben, weiterzukommen, wenn es nicht eine innere Herausforderung gäbe? Ihr würdet faul werden und euch nicht von der Stelle bewegen. Aber so läuft das Leben nicht.

Das Samenkorn in der Erde arbeitet hart daran, sich durch das Erdreich nach oben ans Licht, in die Sonne zu schieben. Die wunderschöne Pflanze wächst auf ihre Art durch schwierige Bedingungen und Herausforderungen, um sich einen Weg durch die Erde zu bahnen. Manchmal verliert sie einen Zweig oder Blätter, wenn es nicht genügend Wasser gibt oder ein Sturm wütet, aber dafür bricht neues Leben an anderen Stellen der Pflanze durch, wenn sie wieder Wasser und Licht als Nahrung gefunden hat. Sie verwandelt sich durch diese Prüfungen, diese Entbehrungen zu einer einzigartigen Pflanze. Sie ist nicht vollkommen symmetrisch gewachsen, aber sie hat durch ihre Lebensumstände eine ganz eigene Form gefunden. Durch Entbehrungen und Fülle werdet ihr zu dem, was ihr seid. In eurer Illusion, wie euer Leben zu sein hat und wie es mit euch umgehen soll, habt ihr erwartet, daß es ein Etwas gibt, das etwas für euch tut.

> *Ja, diese Illusion schränkt mich insofern ein, als ich mir ein bestimmtes Bild von meinem Leben geschaffen habe und all die Dinge, die nicht hineinpassen, auch nicht akzeptieren will. Darunter leide ich im Grunde die ganze Zeit.*

Du denkst also, daß dein Leben wie das eines reichen Sultans sein sollte, der nur auf seinen Kissen thront, sich von allen Seiten bedienen läßt und dabei immer fetter wird. Was empfindest du bei einem solchen Bild?

Ich finde, daß das nicht das wirkliche Leben ist. Das Leben so zu betrachten ist nur eine Falle, die mich daran hindert, alles als ein Teil der Evolution wahrzunehmen.

Wie würdest du denn dein volles Potential leben? Was tust du, um deinen Tag zu beginnen? Wenn du aufwachst, wenn du deine Augen öffnest, was ist das erste, was du machst?

Sei ehrlich! Analysiere deine Gedanken genau. Was sendest du aus am Anfang eines Tages? Was willst du verwirklichen an diesem Tag? Diese Gedanken beeinflußen nicht nur dich, sondern auch die Menschen um dich herum. Hast du andere dafür verantwortlich gemacht, daß Dinge in deinem Leben schiefgelaufen sind oder nicht so waren, wie du es wolltest? Läßt du dich von Phantasien darüber, wie das Leben sein **sollte**, einfangen?

Sei wachsam! Schau dir deine Phantasien und Illusionen immer genau an. Durch sie verpaßt du womöglich die wahren Geschenke, die das Leben für dich bereit hält. Am Ende haben deine negativen Überzeugungen und Werturteile über andere Menschen und Situationen ihnen [deinen eigenen negativen Überzeugungen und Werturteilen] Macht über dein Leben gegeben. Sie bestimmen dein Leben und nicht du. Und du suchst die Schuld dafür außerhalb von dir. Siehst du nun, wie sich dieses Muster in deinem Leben ständig wiederholt?

Wenn du dich tagsüber mit Leuten triffst und diese dir nicht freudig entgegenspringen, kannst du dich fragen, wie du von ihnen erwarten kannst, daß sie dir vor Freude entgegenspringen, wenn du gerade negativ über sie gedacht hast. Ist dir bewußt, daß sich all deine Gedanken über die ganze Welt verbreiten? Sie sind wie ein Röntgenbild von deinem aurischen Feld. Wie sollen sie dir das geben, was du dir wünschst, wenn du gleichzeitig in deinem Kopf das kreierst, was du nicht haben willst? Das entspricht nicht den Naturgesetzen. Wie du siehst, bist du also selbst durch deine Gedanken für die äußeren Geschehnisse verantwortlich.

Und so geschieht es immer wieder
                      und wieder
                                  und wieder
                                                      mit allem, was dir im Leben begegnet.

Jeder einzelne Augenblick ist gefüllt mit den Gedanken, die du gerade denkst.

6

Herausforderungen

Wir sprechen nun darüber, wie jemand reagiert, wenn er sich in einer schwierigen Situation befindet, an der mehrere Personen beteiligt sind. Vielleicht ist es nur eine weitere Person oder eine ganze Gruppe von Menschen. Du fühlst dich in deinem emotionalen Körper unwohl. Du mußt herausfinden, was es für ein Unwohlsein ist, indem du dir einige Augenblicke schweigend überlegst, worum es geht, ohne sofort zu reagieren oder ein Urteil abzugeben. Lerne dich selbst kennen, spüre, was all das in dir auslöst.

Bringt es Angst hoch? Oder das Gefühl, daß du die Situation nicht beherrschst? Wenn es irgendwie möglich ist, dich von der Situation zu distanzieren, dann distanziere dich. Steh einfach auf und geh weg, wenn die Situation für dich unerträglich ist, aber gib vor anderen kein Werturteil darüber ab, ob du das Ganze schlecht oder verfahren findest. Konzentriere dich auf deine eigenen Gefühle und deine Reaktionen. Erlebe dich selbst in diesem Zusammenhang.

Wenn du dich von der Situation nicht distanzieren kannst, nimm dir einen Augenblick Zeit, um dich zu beruhigen. Projiziere deine Ängste oder Wut nicht auf eine oder mehrere Personen. Werde ruhig, wende dich nach innen und stell dir vor, wie du die Situation gerne hättest. Reagiere zunächst nicht. Stell dir nur vor, wie sie aussehen soll. Verbinde dich mit deiner ungetrübten Wahrnehmung der Situation. Von diesem Punkt der Ruhe aus kannst du dann anderen Empfindungen mitteilen und einen guten Lösungsvorschlag für die verfahrene Situation vorbringen.

Wenn die anderen nicht mit Einverständnis auf dich reagieren und dich fragen, warum du dich so fühlst, oder dir widersprechen, dann wende dich nach innen, sammle dich und frage dich, warum das so ist. Wenn du darauf keine Antwort erhältst, dann sage den anderen: „Ich weiß nicht, warum das so ist. Ich weiß nur, daß ich mich bei dieser Sache nicht wohl fühle, und ich würde gerne selbst wissen, warum, weil ich mich besser verstehen möchte. Vielleicht ist es etwas, was ich mir genauer anschauen muß. Könnt ihr mir vielleicht dabei helfen?" Fordere sie dazu auf, dir zu helfen, **denn dadurch werden sie zum Teil der Lösung.**

Nun, habt ihr heute noch weitere Fragen an mich? Ich bin hier und bereit, mit euch zu sprechen. Ich habe den ganzen Tag darauf gewartet, mit euch beiden sprechen zu können. Zunächst möchte ich euch fragen, wie ihr die Sitzung von gestern empfunden habt und wie ihr die Information, die euch zuteil wurde, verarbeitet habt.

🌣 *Ich war ein wenig schockiert darüber, welche Konsequenzen meine Gedanken haben.*

Worüber genau warst du schockiert?

🌣 *Zunächst hat es mich schockiert, so erkannt zu werden.*

Warum? Glaubst du, daß deine Gedanken verborgen sind? Das glauben alle Menschen. Gedanken sind nicht verborgen. Deine Gedanken sind deine Realität, und sie bestimmen die Aura, die dich umgibt. Alle Menschen spüren diese Dinge und reagieren darauf. Siehst du, ob sie die Worte in dir sehen können oder nicht, sie reagieren trotzdem auf deine Gedanken. Es ist wichtig für dich und alle Menschen zu wissen, daß eure Gedanken, alle eure Gedanken, eure Aura beeinflußen und die Reaktionen der Menschen um euch herum bestimmen.

🌣 *Ja, ich habe die Konsequenzen meiner Gedanken einmal erlebt. Ich war zunächst sehr betroffen und schockiert und stellte dann fest, daß ich ständig negativ denke. Ich muß mich wirklich beobachten und mir bewußt darüber werden, was und wie ich denke und wie dies meine Umgebung, andere Menschen und letztendlich die Welt als Ganzes beeinflußt.*

Du mußt eine Festung um deinen Geist herum bauen, mit einem Wächter an jeder Ecke, der deine Gedanken rein hält. Verstehst du diese Vorstellung?

> *Ich verstehe. Ja, es ist wirklich so, als müßte man sich selbst davor schützen.*

Du mußt dich selbst vor deinem Selbst schützen, vor deiner eigenen Verführung durch deine Gedanken. Wenn du es so betrachten kannst, wird es zu einem wunderbaren Spiel und einem wunderbaren Prozeß, es ist aber auch eine Realität.

> *Ich sollte Dinge, Situationen und Menschen nicht negativ bewerten, sondern besser wissen, wo es mich hinzieht und was ich zu tun habe. Ich sollte auch erkennen, was nicht stimmig ist, was nicht angebracht ist, d.h., wo ich nicht hin will. Ich muß dabei unterscheiden und bewerten, und damit habe ich Probleme.*

Ja, du hast deshalb Probleme damit, weil du nicht bemerkst, was du nach außen projizierst, um deine Realität zu erschaffen. Sie entsteht die ganze Zeit um dich herum, und du wunderst dich, warum es dir so schwerfällt, das zu erschaffen, was du dir wünschst. Und du denkst immer wieder, daß es andere Menschen oder die Umstände sind, die dir im Wege stehen, aber es sind deine eigenen Gedanken, die deine Probleme verursacht haben. Du mußt also lernen, deine Gedanken in den Griff zu bekommen und aufzupassen, was du nach außen sendest. Das ist kein Zehn-Minuten-Job pro Tag. Es ist eine Vierundzwanzig-Stunden-Arbeit mit dir selbst. Du mußt dir deiner Werturteile bewußt werden.

> *Ist es denn immer falsch, zu urteilen und zu bewerten?*

Es ist nicht falsch zu bewerten, aber es ist falsch zu urteilen. Auch das Wort „falsch" ist ein schwieriges Wort, da dadurch ein Urteil über das Urteilen gefällt wird. Diese Worte sind ein kompliziertes Phänomen. Aber du mußt selbst entscheiden, wie du dir den Tag kreierst, und eine Bestandsaufnahme machen, was du dir selbst erschaffst und was dementsprechend auf dich zukommt, und dich vor diesem Hintergrund fragen: Wie kann ich das verbessern? Nicht, wie werde ich es los, dies ist nicht gut, jenes ist schlecht für mich. Du betrachtest dann wieder nur die äußeren Umstände und nicht, wie du an ihrer Entstehung beteiligt bist, was aber die Grundlage dafür ist, daß sie geschehen können.

Du mußt dir die Ereignisse deines Tages anschauen und dich fragen: „Wie habe ich sie mir selbst erschaffen?" Erforsche dich dann selbst und überleg dir, wie du es besser machen kannst, so wie du es dir wünschst.

Denn du hast die Macht darüber, und die Ergebnisse hängen mit dem zusammen, was du nach außen sendest.

 Wie sollten wir die Hindernisse in unserer Vergangenheit sehen? Sind es Hinweise, die Richtung zu ändern? Oder sollten wir sie als Herausforderungen betrachten, die es zu überwinden gilt?

Jede Situation ist eine einmalige Antwort auf deine eigene Erfahrung, denn jedes Individuum hat durch Herausforderungen etwas zu lernen. Wir bezeichnen diese Dinge nicht als Hindernisse, denn wenn wir sie als Hindernisse bezeichnen würden, wären sie ein unumstößlicher Fels auf deinem Weg, den du nicht beseitigen könntest. Du nennst es eine „Herausforderung" – ein Fels, der bewegt werden kann, eine Herausforderung, um noch tiefer in dein Inneres zu schauen. Frag dich selbst:

- Was muß ich mir anschauen?
- Womit muß ich lernen zu arbeiten?

Normalerweise ist es nur eine Änderung in deiner **Einstellung**, die du zu lernen hast. Ob es Steuergeschichten sind oder deine Ex-Ehefrauen und ihre Reaktionen auf dich, ob es Arbeitgeber sind, ob es irgend etwas ist, was NEIN zu dir und deinen Visionen sagt, schau es dir an und schau auch bei dir selbst nach, und frag dich dann:

- Was sende ich aus?
- Wie ist meine Reaktion auf die Antwort dieser Menschen?

Schau dir deine Reaktion gut an, du hast dadurch vielleicht etwas über dich selbst zu lernen, über dein eigenes inneres Wachstum. Wenn du beispielsweise etwas willst, etwas siehst, was du dir erschaffen möchtest, du dazu aber nur ein NEIN zu hören bekommst, bedeutet das nicht, daß du deine Vision aufgeben sollst. Es bedeutet vielmehr, daß du untersuchen sollst, wo dieses NEIN herkommt.

- Könnte es sein, daß es der falsche Ort ist?
- Könnte es sein, daß es der falsche Zeitpunkt ist?
- Könnte es sein, daß du noch mehr Informationen sammeln mußt, um die Menschen, die NEIN sagen, aufzuklären? (Sie wissen vielleicht noch nicht genug darüber, um erkennen zu können, daß es dem Wohle aller dient.)

Hör erst auf damit, wenn du alles versucht und das Gefühl hast, daß du jede Faser deines Seins eingesetzt hast, um das zu verwirklichen. Das heißt nicht, daß du es erzwingen sollst. Es bedeutet, nichts unversucht zu lassen, damit du sicher sein kannst, daß du nichts übersehen hast. Erlaub dann dem göttlichen Willen zu wirken, in dem Wissen, daß du alles Erdenkliche versucht hast und alles in deinen Kräften Stehende getan hast, um die Situation voranzubringen.

 Wir meinen manchmal, daß neue, ausbaufähige und positive Ideen von allein fließen müßten, ohne daß Hindernisse ihrer Entfaltung im Wege stehen. Wie denkst du darüber?

Das ist ein Mißverständnis. Betrachte das Leben aller großen Meister. Mußten sie denn nicht auch Herausforderungen bestehen und Prüfungen auf sich nehmen, um Weisheit zu erlangen, um wirklich Meister über sich selbst zu werden? Mußten sie nicht auch einen Schritt ins Unbekannte wagen in dem tiefen Vertrauen, daß für sie gesorgt wird, daß ihre Vision weiterleben würde?

 Warum ist die Reise zurück nach Hause zur göttlichen Quelle so schwierig?

Wenn es einfach wäre, meine lieben Kinder, würdet ihr nicht so vehement versuchen, diesen Weg zu finden, da ihr bei allen Dingen, die leicht zu erreichen sind, nicht besonders viel Weisheit, Mut, Tiefe und Wachstum aus der Erfahrung zieht, versteht ihr? Und deshalb ist der Weg so angelegt, daß eure Seelen wachsen können. Wie in allem bevorzugen die Menschen anscheinend die Herausforderung und wählen das, was nicht so leicht zu erreichen ist. Denn durch die verschiedenen Stufen des Wachstums, die ich erwähnt habe, wird Wachstum erst dadurch erreicht, daß die Reise lang und anstrengend ist.

Ich möchte noch einmal das Leben meines Sohnes, Jesus, erwähnen – seine Aufgaben, was sein Leben verkörperte und seine schwerste Prüfung: zu wissen, daß er am Ende gekreuzigt, getötet, werden würde. Schließlich, daß er zeigen mußte, daß es in Wirklichkeit gar keinen Tod gibt, daß er diese Schwingung der dritten Dimension überwinden mußte, um sie uns als „Gesetz" dieses Planeten vor Augen zu führen. War es nicht so?

Ist er nicht selbst durch Ängste und Zweifel gegangen, durch die dunklen Nächte der Seele, bevor all das geschah? Betete er nicht am Felsen im Garten von Gethsemane, daß dieser Kelch an ihm vorüberziehen möge, weil er Angst hatte, er würde es nicht schaffen? War das etwa keine Prüfung?

Und was geschah dann? Erschien da Gott und sagte: „Nein, du brauchst das nicht zu tun, ich nehme diesen Kelch von dir."? Nein! Sagen nicht viele von euch, daß Gott uns nur soviel gibt, wie wir bewältigen können, es euch aber manchmal als viel mehr erscheint, als ihr verkraften könnt? Das sind die Zeiten des größten Wachstums, denn in diesen Momenten mußt du dich wirklich mit jedem Teil von dir selbst auseinandersetzen. Letztendlich bist du selbst derjenige, der dich beurteilt, weil ihr, du und Gott, eins seid. Dies wird dir in deinem Kampf bewußt werden, auf deiner Reise zurück nach Hause.

Letztendlich wirst du erkennen, daß du und Gott eins sind.

 Was war der Grund für das Erscheinen Jesu vor 2000 Jahren?

Wie alle Meister, die zu unterschiedlichen Zeiten auf der Erde gewandelt sind, war er gekommen, um ein ganz bestimmtes Leben zu führen – ein Leben in Harmonie und Ausgeglichenheit. Er tat dies durch sein Sein und sein Handeln. Er sprach zwar auch darüber, wie man leben sollte, aber das meiste lebte er den Menschen vor. Er ging mit gutem Beispiel voran, wie man sagt. Er lebte seine Lehre mehr, als daß er sie predigte, und er lernte durch Erfahrung, obwohl dieses Wesen, dieser Jesus, ein erleuchteter Meister war. Er wußte, wer er war, was seine Verbundenheit mit allen Dingen, mit Gott und mit dem Leben anging, und er kam hierher, um einfach zu zeigen, wie man in dieser Welt leben kann, auf dieser Erde, in Ausgewogenheit und im Einklang mit allen Dingen.

Er kam als lebendiges Beispiel für die Liebe, die Liebe in Aktion, die Weisheit in Aktion. Er kam als Meister, aber er kam nicht als Meister, der selbst angebetet werden wollte wie ein Gott außerhalb von dir. Er wollte zeigen, daß der lebendige Gott in ihm wohnt und daß dieser auch in dir wohnt. Hast du das erst einmal erkannt und wirst du eins mit dem Gott in dir, eins mit dem Sinn deines Lebens, mit deinen Gaben und dem

Annehmen von all dem, dann bist du ein lebender, wandelnder Meister. Das wollte er uns lehren. Er kam nicht, um angebetet zu werden. Er kam, um uns, der Menschheit, zu zeigen, wie wir leben können.

Möchtet ihr auch etwas über seine Kreuzigung hören? Da die Menschen große Angst vor dem Tod haben, wußte er, daß seine schwerste Prüfung – der Menschheit zu zeigen, daß es den Tod nicht gibt – darin bestand, durch den Schmerz des Todes zu gehen, um damit allen vor Augen zu führen, daß der Körper sehr wohl stirbt, die Seele jedoch weiterlebt. Darin war er ein Meister, und nachdem sein Körper am Kreuz gestorben war, unter den Augen vieler Zeugen, kam er wieder zurück, um zu zeigen, daß er immer noch lebte – wiederum vor vielen Zeugen.

Das war der Sinn seiner Kreuzigung, und nicht, wie es die Kirche behauptet, daß er für eure Sünden starb. Wie kann er für *eure* Sünden sterben? Ihr seid selbst verantwortlich für eure Unausgeglichenheit, eure Getrenntheit von der inneren göttlichen Quelle, nicht er. Denn wie könntet ihr lernen, euer eigener Meister durch euch selbst zu werden, wenn ihr diese Aufgabe an jemanden anderes abgeben wollt? Durch ihre Behauptung, daß er für eure Sünden starb, hat eure christliche Religion diese Botschaft falsch ausgelegt. Denn darum ging es nicht. Jesus kann so etwas nicht tun! Ihr seid selbst für euch verantwortlich. Ihr seid für euer Leben und dafür, wie ihr es lebt, verantwortlich. Ihr erwacht, wenn ihr den Retter in euch selbst erkennt. Ihr erwacht und merkt, daß ihr dafür verantwortlich seid, als Christus zu leben, als ein erleuchtetes Wesen, das jederzeit mit Gott verbunden ist. So rettet ihr euch selbst.

Gibt es demnach viele Fehldeutungen in der Bibel?

Es gibt tatsächlich viele Fehldeutungen in der Bibel. Das führt sogar dazu, daß es beim Lesen dieses Buches zu Mißverständnissen kommen kann, da die Menschen nicht wissen, was sie glauben sollen, denn sie glauben einfach das, was andere ihnen sagen, weil sie sich nicht nach innen wenden, um die Wahrheit zu finden, sich nicht nach innen wenden, um das Göttliche in sich selbst zu fühlen und die Wahrheit zu erfahren.

Ihr könnt die Geschichte in der Bibel nachlesen, um sie ein wenig zu verstehen, aber vieles davon ist eine Fehldeutung. Es wurde viel über das Leben von Jesus im allgemeinen geschrieben, aber man muß auch zwischen den Zeilen lesen, um ein umfassendes Verständnis entwickeln zu können. Denkt daran, daß er vor 2000 Jahren kam, um die

Menschen zu lehren, eins mit Gott zu werden. Wenn die Menschen eins mit Gott sind, brauchen sie keine Regierung mehr, sie brauchen auch keine Religion außerhalb ihrer selbst, denn sie sind ihr eigener Herr. Sie brauchen nur sich selbst und ihre Beziehung zu Gott in ihrem Inneren. Aber diese Menschen erkannten natürlich, durch ihr Ego, durch ihr Bedürfnis, die Massen zu beherrschen, daß sie keine Macht ausüben konnten, wenn jeder sein eigener Herr in sich selbst werden würde. Deshalb also wollten sie nicht die Erkenntnis fördern, sondern die Lehren von Jesus dazu mißbrauchen, die Massen zu beherrschen.

 Geht es darum, was wir in unserem Leben tun, oder eher, wie wir unser Leben führen?

Jeder von euch hat angeborene Gaben. Jeder von euch hat sein Leben bereits entworfen, bevor er inkarniert ist, und jeder weiß um die Herausforderungen, die er durchzustehen hat, um sich zu entwickeln und eins mit Gott zu werden. So hat jeder von euch sich selbst ein Leben geschaffen, durch das er wachsen und lernen kann.

Das heißt, daß ihr die richtigen Eltern gewählt habt, die richtigen Umstände, das richtige Sternzeichen, den richtigen Zeitpunkt, die richtige Umgebung. Alle diese Dinge habt ihr für euer Wachstum gewählt. Ihr habt euch für die Umstände, in denen ihr aufgewachsen seid, entschieden, auch wenn diese unglücklich erscheinen mögen. Wenn ihr nur nochmals zurückgehen könntet zu dem Zeitpunkt, bevor ihr in dieses Leben tratet, würdet ihr es sehen. Ihr würdet sehen, daß ihr selbst die Umstände, die Herausforderungen gewählt habt, um daran zu wachsen, um euch selbst lieben zu lernen und zu erkennen, daß ihr und Gott eins seid.

Ihr habt also besondere Talente, fühlt euch zu bestimmten Dingen, bestimmten Erfahrungen, bestimmten Ausdrucksformen auf dieser Erde hingezogen, die ihr leben wollt.

> Ihr wollt vielleicht ein Schiffsbauer werden,
> ihr wollt vielleicht ein Hausbauer werden,
> ihr wollt vielleicht ein Architekt werden,
> ihr wollt vielleicht ein Schriftsteller werden,
> ihr wollt vielleicht ein Philosoph werden,
> ihr wollt vielleicht ein Priester werden,
> ihr wollt vielleicht ein Seminarleiter werden,

ihr wollt vielleicht ein Berater werden,
ihr wollt vielleicht ein Lehrer werden,
ihr wollt vielleicht ein Künstler werden,
ihr wollt vielleicht ein Gärtner werden.

Es gibt keine Bewertung darüber, was besser oder schlechter ist. Ihr werdet von einer Sache angezogen, damit eure Seele wachsen kann. Tut diese Sache mit Stolz, tut sie in dem Wissen, daß ihr euer Bestes gebt, um ihr Ausdruck zu verleihen. Ihr könntet beispielsweise der berühmteste Bettler aller Straßen werden, wenn ihr von Herzen davon überzeugt wäret und Freude daran hättet. Ihr könntet ein Bettler sein, der durch seine Liebe zu den Menschen in der Lage ist, all diejenigen zu lieben, die an ihm vorübergehen. Es ist nur euer Bewußtwerden und Wahrnehmen dieser Situationen, die sie mit Tiefe und Schönheit erfüllen.

7

Beziehungen

Meine Herzallerliebsten,

Heute möchte ich mit euch über das Symbol der Hochzeitszeremonie sprechen, wenn die Braut in der Kirche den Gang entlang zu ihrem Bräutigam schreitet. Diese Braut hat Symbolcharakter, wie alle Rituale symbolisch für etwas Höheres stehen. Die Braut geht den Gang entlang zu ihrem Bräutigam, um sich ihm vorzustellen, um mit ihm zusammenzukommen, um eins mit ihm zu werden. Er beobachtet sie, wie sie auf ihn zukommt, und sie zeigt sich ihm. Wie auch die Göttin, das Feminine Antlitz Gottes, auf ihren Gatten Gott zugeht, um sich ihm zu präsentieren, und sie einander in Treue begegnen, miteinander verschmelzen in der Heiligen Vereinigung. Der Bräutigam schaut seine Geliebte an, das Feminine Antlitz Gottes, sieht, wie sie den Gang entlang auf ihn zukommt.

Er sieht das Heilige Bildnis, die Schönheit einer Frau, die Herrlichkeit des Femininen Antlitzes Gottes, sieht, wie sie ihm ihr Gesicht zeigt. Wenn er diese heilige Qualität im Femininen Antlitzes Gottes im Gesicht der Frau erblickt, die er liebt, erkennt er den Gott in sich selbst an, die Blüte der Männlichkeit in sich selbst – bereit, seine Braut zu empfangen und dieses weibliche Antlitz in sein Leben aufzunehmen, um als Einheit zusammenzuleben, denn zusammen bilden sie eine Einheit: Das Weibliche kommt mit dem Männlichen zusammen, um Schönheit hervorzubringen, Ausgewogenheit zu schaffen und eine Familie zu gründen.

In dieser Harmonie der Erschaffung von Mann und Frau, der Vereinigung des Weiblichen mit dem Männlichen, beginnt der Schöpfungsakt. Wie ihr im Leben von Pflanzen, Tieren und Menschen feststellen könnt, wird neues Leben entstehen, wenn das Männliche und das Weibliche aufeinandertreffen. Neues Leben wird durch den Einklang und das Zusammenspiel der beiden Pole geschaffen.

So wie der Bräutigam am Altar auf seine Braut wartet, um sie zu empfangen, während sie den Gang entlang auf ihn zukommt, so empfängt die Braut ihren Bräutigam beim Liebesakt, so nimmt sie seine Liebe in sich auf, und sie zeugen ein Kind. Durch ihr Aufeinandertreffen verschmelzen zwei Energien miteinander, wenn die Göttin von ihrem Ehemann den Gott empfängt.

🌿 *Wie kann man die männlichen und weiblichen Energien in sich selbst ausgleichen?*

Ich würde mich nicht so sehr über die männlichen und weiblichen Energien in sich selbst sorgen. Ich würde mir mehr Gedanken darüber machen, ob ihr in Verbundenheit mit Gott lebt oder nicht. Wenn ihr in eurer Art von Einheit und Verbundenheit mit dieser inneren göttlichen Quelle lebt, dann sind alle Dinge ausgewogen.

Die Vorstellung vom Männlichen und Weiblichen in euch, von der positiven und negativen Polarität, und alle anderen Formen, mit Hilfe derer ihr euch analysiert habt, führen nicht zum eigentlichen Problem. Das wirkliche Problem liegt in der Abtrennung von der inneren göttlichen Mitte. Diejenigen, die hier in einem männlichen Körper sind, werden sich dementsprechend verhalten, und diejenigen, die hier in einem weiblichen Körper sind, werden sich ebenso dementsprechend verhalten.

Durch eure Erfahrung im Laufe vieler Leben, durch eure ganz persönliche Geschichte und alle möglichen anderen Dinge könnt ihr euch je nach eurem zellulären Gedächtnis so oder so verhalten. Wenn ihr jedoch mit Gott verbunden seid, mit dieser inneren Quelle, hilft euch dies, leichter durch euer Leben zu gehen. Ich wäre also nicht so besorgt darüber, wie man den männlichen und weiblichen Körper vereinigen kann, sondern wie man sich mit Gott vereinigt.

Ich muß hier etwas zu den Fragen sagen, die ihr mir stellt. Eure Fragen sind immer so formuliert, daß ihr die Antworten bereits im Kopf habt. Ihr stellt mir Fragen, um festzustellen, ob ich die Wahrheit sage oder nicht. Ihr stellt mir Fragen, um mich zu prüfen. Ich mag das nicht besonders. Es ist mir schon den ganzen Tag über aufgefallen. Stellt doch Fragen, die der Menschheit dienen. Darum geht es in diesem Buch. Es geht nicht darum, mit den Fragen beweisen zu wollen, ob ich für euch wirklich existiere oder nicht.

Ich bitte euch auch, euch einmal zu überlegen, inwieweit eure Fragen mit eurem eigenen Glaubenssystem zusammenhängen. Worauf basieren diese Fragen? Wenn ihr sie einem Bauern in Nebraska stellen würdet, würde er euch auslachen. Er würde sagen: „Deine weibliche und deine männliche Seite? Was soll denn das sein?" Es sind nur diese neuen Konzepte, mit denen ihr versucht, euch wieder zu analysieren, anstatt zum eigentlichen Kern der Dinge vorzudringen.

Darf ich euch etwas über das Ego sagen? Es gibt zur Zeit eine Bewegung auf eurem Planeten, die ihr die New-Age-Bewegung nennt. Diese Bewegung behauptet von sich, sie sei das Beste, was es derzeit gäbe. Sie ist aber nur eine andere Art, das Ego zum Ausdruck zu bringen. Ich rate allen Menschen, die sich damit beschäftigen oder die behaupten, daß sie sich damit beschäftigen, sich selbst einmal gründlich zu erforschen und nicht zu denken, sie seien besser als alle anderen.

Versucht euch selbst zu erkennen und eine innere Verbindung zu Gott herzustellen, und lebt in dieser Ganzheit, damit ihr zum Wohl der Menschheit beitragen könnt, ohne euch auf ein Podest zu stellen und zu meinen, ihr hättet den neuesten und einzig wahren Weg gefunden, und auf andere herabzublicken, die eurer Meinung nach überhaupt nichts vom Leben begriffen haben. Ihr trennt euch wieder einmal vom Ganzen ab. Das führt nur in eine Sackgasse! Ihr müßt zurück zu Gott kommen, zu dieser inneren Quelle.

❖ ❖ ❖

Ich bin heute bei euch, um auf die Fragen einzugehen, die ihr zu Beziehungen habt: wie man Beziehungen führt, wie man sich in Beziehungen verhält, wie man einander liebt, ohne sich gegenseitig zu verletzen, wie man liebevolle Beziehungen erschafft, in denen jeder bereit ist zu geben.

Seht ihr, wenn ihr nach der Liebe sucht, mit der ihr euch auf eine Beziehung einlassen könnt, auf eine langfristige Beziehung, sucht ihr nach jemandem, der euch die Liebe geben soll, die in euch selbst fehlt. Wenn ihr nur nach den Menschen Ausschau halten würdet, denen ihr eure Liebe geben könnt, und den Ort in euch finden würdet, der voller Liebe ist – voller Liebe, die geteilt werden will, geteilt mit vielen anderen Menschen –, dann würdet ihr euch nicht innerlich leer fühlen. Menschen werden immer in euer Leben treten und es auch wieder verlassen, aber ihr müßt wissen, daß sie in euer Leben gekommen sind, um das zu empfangen, was ihr zu geben habt. Laßt sie kommen und gehen in Frieden, in dem Wissen, daß sie euch nicht verlassen, sondern einfach weiterreisen, auf der Suche nach Antworten auf ihre eigenen inneren Fragen.

Es gibt keinen Grund, Beziehungen zu beenden, denn, seht ihr, wenn ihr all eure Leben überblicken könntet, würdet ihr feststellen, daß eure Beziehungen niemals enden. Sie setzen sich immer weiter fort, Leben für Leben. Viele der Beziehungen, die ihr jetzt als schwierig erlebt, sind nicht in Frieden und Liebe beendet worden. Ihr geht sie also wieder ein, um sie ausgeglichen und in Frieden und Liebe abzuschließen. Sie wollen nicht *beendet*, sondern in Frieden und Liebe *vervollständigt* werden, damit sie ausgewogen und harmonisch bis in alle Ewigkeit weiterbestehen können. Auch wenn ihr Lebewohl sagt, gibt es in Wirklichkeit kein Lebewohl. Ihr werdet euch wieder begegnen, wenn euch eure Herzen zueinander führen.

Auch wenn eure Leben zu Ende gehen und neue Inkarnationen beginnen, werdet ihr euch trotzdem wieder zum anderen hingezogen fühlen, weil ihr etwas in ihm seht, was ihr von früher schon kennt. Oft werdet ihr zueinanderfinden, um etwas abzuschließen, was im Streit beendet wurde, damit ihr lernen könnt, eure Beziehung auf einer höheren Daseinsebene zu leben.

Habt ihr Fragen dazu? Wenn ihr Fragen stellt, die Werturteile enthalten oder von einer niederen Bewußtseinsebene herrühren, werden die Antworten, die ihr darauf erhaltet, auch entsprechend unklar sein. Wenn ihr jedoch die Fragen von einer höheren, einer urteilsfreien Ebene aus stellt, wenn die Fragen eine höhere Perspektive mit einschließen, werdet ihr die Antwort darauf sofort in euch wahrnehmen, da ihr sie eben von einer höheren Warte aus stellt und bereits dieses höhere Bewußtsein, das in euch allen ist, angezapft habt.

> *Wenn ich es richtig verstehe, ist es also entscheidend, eine liebevolle Beziehung zu allen Menschen, denen wir in unserem Leben begegnen, aufzubauen und sich nicht nur auf eine einzige Partnerschaft zu fixieren.*

Und auch nicht darauf, was du von dieser Person alles bekommen kannst oder was du glaubst, von diesem Menschen bekommen zu müssen. Versteht ihr, ihr seid alle darauf fixiert, was ihr von diesem oder jenem Menschen bekommen könntet, statt danach zu schauen, welches Geschenk sie für euch haben und welches Geschenk ihr ihnen geben könnt. Wenn ihr euch nur auf euer eigenes Geschenk konzentrieren würdet, auf das, was ihr zu geben habt, und wenn das jeder Mensch täte, würdet ihr ständig Geschenke machen und erhalten, ohne jegliche Verpflichtung und ohne irgendwelche Vorstellungen darüber, was ihr von dem anderen erwartet. Es ist die niedere Bewußtseinsebene, die euch hier in der Disharmonie gefesselt hält.

> *Es geht also darum, wie Deepak Chopra es formulierte, sich zu fragen, was ich selbst dazu beitragen kann, und nicht um das, was ich für mich dabei herausholen kann.*

Genau, mein liebes Kind. Frag dich stets: „Was kann ich geben?" Wenn ihr das nur einen Tag in eurem Leben üben würdet, würdet ihr den Unterschied in der Qualität eures Tages und in der Lebenslust, die sich in eurem Herzen ausbreitet, merken, ganz gleich, was sonst noch um euch herum geschieht. Lebt euren Tag in dem Bewußtsein „Wie kann ich dienen? Wie kann ich geben? Was kann ich dir geben?" jedem Menschen gegenüber, den ihr trefft. Ihr werdet einen Tag erleben, der wie verzaubert ist. Stellt euch vor, alle Menschen auf der Welt würden nach diesem Prinzip leben. Das ist der Plan! So hat Gott ihn entworfen.

Ihr lebt durch euer Ego. Ihr lebt auf einer Bewußtseinsebene, die von Gott getrennt ist, und das ist es, was als Ego bezeichnet wird. Wenn ihr euch von Gott abtrennt, denkt ihr nur an euch selbst und nicht mit der inneren Wahrnehmung, daß es eine höhere Verbindung zur Quelle gibt – zu der Quelle, die euch alle erschaffen hat –, und in ihr verbirgt sich das göttliche Geheimnis.

Glaubt ihr, daß ihr euch selbst erschaffen habt? Glaubt ihr, daß ihr diese Welt, dieses Universum, erschaffen habt? Was ist denn bloß passiert, seitdem ihr euch losgelöst und von Gott abgetrennt habt, von dieser inneren Quelle? Ihr habt Kriege verursacht, Kämpfe heraufbeschworen, habt Gewalt gesät, habt Zwietracht in eure Familien und Haß in die Welt gebracht. All diese Dinge habt ihr erschaffen, weil ihr nicht mit eurem Höheren Selbst verbunden seid, mit diesem göttlichen Teil in euch.

Wenn ihr mit Gott verbunden seid, werdet ihr selbstlos, wißt aber auch, warum ihr hier seid. Dann seid ihr auch mit euren Gaben, mit eurer inneren Liebe für alle Menschen, für die ganze Welt, für die Natur und das gesamte Tierreich verbunden. Ihr fühlt euch verbunden mit allen Dingen, weil ihr mit Gott verbunden seid, der alles erschaffen hat, was auch in euch ist, was euch ausmacht. Wenn die Menschheit zurück zu einem Leben in Verbundenheit findet – zu dem göttlichen Plan für diese neue Lebensform –, dann werdet ihr den Himmel auf Erden haben.

Was ihr in der Vergangenheit erlebt habt, in der Trennung, ist die Hölle, ist die Trennung von Gott. Ihr mußtet durch sie hindurchgehen, um zu erfahren, daß es so nicht funktioniert. Ihr mußtet die Erfahrung selbst machen, genauso wie Kinder ihre eigenen Fehler machen müssen, um aus ihnen zu lernen. Es reicht nicht, einfach nur auf die Eltern zu hören, wenn diese ihnen sagen: „Nein, das dürft ihr nicht tun, weil ihr euch sonst weh tut!" Sie werden es trotzdem tun, um selbst herauszufinden, ob es stimmt.

Genau das ist der Menschheit widerfahren. Gott hat ihr Gesetze gegeben, aber sie mußte alles selbst ausprobieren, ohne auf Gott zu hören. Ihr seid alle Kinder gewesen, die langsam erwachsen wurden. Jetzt ist die Zeit gekommen, in eure Fülle hineinzuwachsen, in den Christus in euch. Dann werdet ihr wieder mit der Quelle in euch vollständig verbunden sein.

Versucht auch in Beziehungen eurem Partner keinen Stempel aufzudrücken: „Das ist meine Freundin. Das ist mein Freund. Das ist meine Frau. Das ist mein Mann."

Ihr braucht einfach nur zu sein.

Seid miteinander. Seid miteinander, weil ihr euch liebt, weil ihr euch etwas geben wollt, weil ihr die Gesellschaft des anderen genießt, das genießt, was er euch zu geben hat und was ihr ihm zurückgeben könnt. Lebt ein Leben des Gebens.

 *Was ist der Sinn menschlicher Sexualität, wenn man sich zu einer Person zutiefst hingezogen fühlt?*

Im großen und ganzen dient sie der Fortpflanzung. Sich fortzupflanzen, dies gilt sowohl unter Menschen als auch unter Tieren. Es ist ein natürliches Geschenk von Gott, damit die Menschheit weiter wachsen kann. Und damit das geschehen kann, müssen sich zwei Wesen anziehend finden. Wie können gemeinsames Erschaffen und Fortpflanzung ohne diese magische biochemische Anziehungskraft geschehen? Gott schuf sie, damit die Menschheit sich vermehre.

Wie mit allen Dingen und Erfahrungen im Leben ist es die Einstellung, die das Erleben beeinflußt. Wenn man die Sexualität mit jemandem als etwas Heiliges ansieht, dann erlebt man sie auch so – als heilige Vereinigung. Wenn man mit der Sexualität das Lustprinzip verbindet, die körperliche Anziehung, so erlebt man sie entsprechend. Ihr erschafft euch also die Erfahrung mit eurer geistigen Einstellung. Das geschieht in allem, was ihr auf der Erde erlebt, nicht nur in der Sexualität, die ja gerade unser Thema ist. Es ist eure geistige Einstellung zu den Dingen, die euer Erleben beeinflußt.

> *Wenn man sich sehr stark zu einem Menschen hingezogen fühlt, entsteht eine natürliche sexuelle Anziehungskraft. Wie können wir mit dieser Energie umgehen?*

Ihr könnt zunächst darüber sprechen. Du fühlst dich vielleicht zum anderen stark hingezogen, aber dieser andere fühlt sich vielleicht nicht zu dir hingezogen. Aus Respekt vor dem anderen ist es gut, herauszufinden, ob ihr euch beide zueinander hingezogen fühlt, wie weit es geht und warum ihr diese Anziehung spürt. Sprecht miteinander darüber. Sagt dem anderen: „Ich fühle mich zu dir hingezogen. Dein Blick ist unwiderstehlich. Ich werde sehr ruhig, wenn ich in deine Augen schaue. Ich fühle mich entspannt, wenn ich in deinem Energiefeld bin. Ich empfinde Sanftheit, wenn ich deine Stimme höre. Was ist bloß los mit mir? Was empfindest du, wenn du in meiner Nähe bist? Fühlst du irgend etwas Besonderes?"

Sprecht miteinander darüber. Oft rührt diese Anziehung daher, daß ihr euch aus einem früheren Leben kennt, euch in anderen Leben geliebt habt oder Karma euch verbindet, das in eurer Vergangenheit nicht aufgelöst wurde. Nehmt euch Zeit, um euch kennenzulernen. Denkt daran, daß ihr eure Zuneigung auch auf andere Art und Weise ausdrücken könnt als nur durch den Geschlechtsverkehr. Sie kann auch beim Tanzen zum Ausdruck gebracht werden oder wenn ihr einfach nebeneinander liegt und atmet, wenn ihr die Hand des anderen auf euer Herz legt und diese Energie teilt, wenn ihr euch in die Augen schaut und euch wahrnehmt, wenn ihr euch einen sanften Kuß gebt, wenn ihr euch einfach zärtlich streichelt.

Laßt diese erregenden Gefühle hochsteigen, denn es sind wundervolle Gefühle. Es sind Gefühle, die euch mit dem Ausdruck eures Körpers verbinden. Erlaubt euch, diese Gefühle zu spüren. Laßt euch auf diese Gefühle ein und sprecht über sie.

Es fällt Frauen leichter, über ihre Empfindungen zu sprechen, da sie im allgemeinen mehr mit ihnen verbunden sind. Es kann Männern helfen, auch ihre Gefühle auszudrücken, wenn sie der Frau dabei zuhören, wie sie über ihre spricht. Männer und Frauen sind recht unterschiedlich, und sie haben einander eine Menge beizubringen. Sie dürfen sich und ihre Wirklichkeit nicht aneinander messen, sie müssen einander respektieren und voneinander lernen, Achtung vor der Einmaligkeit der Unterschiede haben, in dem Wissen, daß sie einzigartige Wesen – männliche und weibliche Energien – sind.

Ist die Sexualität immer ein natürlicher Ausdruck von Liebe, oder ist sie eher ein natürlicher Ausdruck von Lust?

Es kommt auf die Einstellung an, mit der man sie zum Ausdruck bringt. Das Ergebnis hängt davon ab, mit welcher Einstellung du dich am wohlsten fühlst. Wenn du in der Sexualität deine Lust befriedigen willst, wirst du immer mehr davon haben wollen. Wenn du Liebe erleben willst, konzentriere dich darauf, und du wirst sie spüren. Willst du eine Beziehung, die lange hält, dann entwickle zuerst eine Freundschaft zu deinem Partner. Erlaub dir, die andere Person zu mögen, sie so zu sehen, wie sie ist, und gib eurer Beziehung Zeit, sich zu entwickeln. Das braucht Zeit!

Jede Freundschaft ist einzigartig. Es gäbe genügend Platz in euren Herzen, die ganze Welt zu lieben und zu genießen, wenn ihr nur die Zeit dazu hättet. Jeder Mensch ist einmalig, und eure Liebe zu ihm sowie die Beziehung zu ihm wird auch einmalig sein. Es liegt an dir, wieviel Zeit du dir nimmst. Wieviel Zeit hast du für eine Beziehung und wieviel Zeit willst du in sie investieren? Ist dir die Beziehung wichtig? Lernst du etwas aus ihr? Entwickelst du dich durch sie weiter? Das sind Dinge, die eine Beziehung in Bewegung halten, die sie nähren.

Manchmal braucht ihr vielleicht Hilfe von außen, wenn die Beziehung an einem Punkt ist, an dem Probleme und Blockaden entstehen. Es geht dann wahrscheinlich um einen Bereich, der angeschaut werden will, was dein Ego jedoch verhindern möchte. Wenn man selbst da drin steckt, fällt es schwer, sich von seinem Ego zu lösen. Es kann hilfreich sein, die Sicht eines Dritten hinzuzuziehen, der nicht selbst in der Beziehung steckt und der euch beide darin unterstützen kann, durch diese Blockade hindurchzugehen. Manchmal könnt ihr Widerstände auch ohne Hilfe von außen auflösen, wenn ihr in eurer Entwicklung weit genug seid. Seid euch jedoch im klaren darüber, daß ihr es tut, um *selbst* daran zu wachsen, daß du es tust, um *selbst* daran zu wachsen, denn du bist es schließlich, der Widerstände hat, und nicht der andere.

Arbeite an dir selbst. Arbeite zuerst mit dir selbst. Wenn du der Ansicht bist, daß der andere besser so leben sollte wie du, dann fällst du ein Werturteil über ihn, und genauso verurteilst du alle anderen Menschen, die nicht so leben wie du. Bedenke immer, daß jeder Mensch sein Leben auf seine eigene Art und Weise lebt. Jeder hat seine eigenen Begabungen mit auf diese Erde gebracht.

Du mußt lernen, diese Gaben zu achten und zu ehren und sie in jedem Menschen, den du triffst, zu entdecken. Konzentrier dich auf die Gaben, die andere mitbringen, und nicht darauf, was sie nicht haben oder was du meinst, daß sie nicht haben. Nimm das wahr, was sie haben. So mußt du auch mit deinen Kindern umgehen. Fördere die Talente und Fähigkeiten, die sie mitbringen, und bring ihnen bei, diesen Qualitäten nachzugehen, diesen Gaben, die sie schon haben.

Sexualität kann wunderschön und magisch sein, je nachdem, mit welcher Einstellung ihr sie auslebt. Wenn du in der Liebe bist und deine Anmut zum Ausdruck bringst, dein Herz öffnest, wird auch dein Partner es spüren, so wie du selbst es spürst. Wenn du dir aber Sorgen darüber machst, ob du wirklich gut genug bist, ob dich der andere wirklich liebt oder nicht, wenn du dir über die Dinge außerhalb von dir selbst Gedanken machst und nicht siehst, was du zu geben hast, entsteht eine unangenehme Situation, da du dich in deinem eigenen Körper nicht ganz fühlst. So fangen co-abhängige Partnerschaften an. Du mußt immer daran denken, was du zu geben hast, was du heute geben kannst. Denk nicht daran, was du vom anderen bekommen kannst, sondern vielmehr, was du der Menschheit geben kannst.

Liebt und achtet euren Körper. Er ist wundervoll. Pflegt ihn gut. Er ist eure Hülle. Haltet ihn sauber. Nährt ihn mit guten Gedanken. Liebt eure Brüste, liebt eure Genitalien, liebt die Schönheit, die ihr seid. Schließt sie in eure Liebe mit ein. Andere werden es sehen können. Sie werden eure Einstellung dazu sehen können. Haltet euren Geist und euren Körper sauber.

Gerüche spielen eine große Rolle bei einer Begegnung. Tiere und Menschen werden durch Düfte angezogen. Deshalb ist die Parfümindustrie heute so erfolgreich und ist es immer schon gewesen. Aber übertreibt es nicht mit diesen Düften, vor allen Dingen nicht, um irgendwelche Körpergerüche, die ihr durch Reinigen beseitigen könnt, zu überdecken. Haltet vor allen Dingen euren Körper innerlich und äußerlich rein, wählt erst dann einen Duft aus, der euch gefällt, einen, der nicht zu aufdringlich ist, den ihr selbst auch gerne riecht. Dadurch werdet ihr den Menschen anziehen, der euch erspüren kann, denn so wie der Duft euch angezogen hat, wird er auch denjenigen anziehen, der sich durch das, was euer Wesen ausdrückt, angesprochen fühlt.

Überprüft also immer zuerst eure Gedanken und eure innere Einstellung. Seid euch bewußt, daß genau das zu euch zurückkommt, was ihr durch eure Gedanken und Haltungen aussendet. Wenn ihr nicht mit dem einverstanden seid, was ihr bekommt, solltet ihr die Geisteshaltung und die Überzeugungen, die ihr aussendet und die sich in euren Worten und Gefühlen widerspiegeln, einmal gründlich untersuchen.

8

Beruf

Geliebte Töchter und Söhne meines Herzens,

Ich bin heute bei euch, um euch aufzufordern, immer mit Gott zu leben, wo immer auch ihr seid. Nicht nur in euren Kirchen oder Tempeln, sondern im täglichen Leben, auf dem Marktplatz, an der Arbeit und zu Hause. Nehmt mich mit, wo immer ihr auch seid oder hingeht. Hört meine Stimme in euch, wo immer ihr seid, jederzeit, ganz unabhängig davon, was ihr tut oder mit wem ihr sprecht, denn dadurch könnt ihr den Himmel auf Erden haben, vierundzwanzig Stunden am Tag. Glaubt nicht, daß ihr nur „angeschlossen" seid, wenn ihr channelt oder betet. Ihr seid immer „angeschlossen", zu jeder Zeit – niemals gibt es eine Unterbrechung. Die Trennung findet nur in euren Köpfen statt.

Genauso meint ihr, die einzige Zeit, mit Gott zu sprechen oder von Gott gehört zu werden, ist die, die ihr in euren Kirchen oder Tempeln verbringt oder daß ich, Maria, durch die zahlreichen Marienstatuen verkörpert werde.

Ja, ich kann meine Energie in diese Figuren einfließen lassen, wenn Menschen in die Kirchen kommen und diese Statuen betrachten, aber es dient dem Wachstum der Menschheit zu wissen, daß Gott überall, zu jeder Zeit bei ihnen ist – was auch immer sie tun.

Um diese neue Art des Seins zu leben,

- lebt im Bewußtsein mit Gott, immer und überall,
- lebt es bei eurer Arbeit,
- lebt es in euren Beziehungen,
- lebt es in euren alltäglichen Aktivitäten,
- lebt es in den Gesprächen mit euren Mitmenschen,
- macht es euch zu eurer Grundlage, zu eurem Wissen, in allem, was ihr tut.

Dies in eurem Beruf zu leben bedeutet, ihn mit der größten Lebenslust auszuüben, indem ihr das tut, was eurem Herzen Freude bereitet. Bewertet aber euren Beruf nicht danach, wie er eurem Ego dient, wie er euch bereichert, sondern wie er der Menschheit dienen kann und wie ihr eure Fähigkeiten der Menschheit zugute kommen lassen könnt. Mit diesen Fähigkeiten schafft ihr Einklang, Heiterkeit, das Einssein mit anderen Menschen. Es geht darum, Menschen zusammenzubringen, damit die Energie ihrer Herzensfreude zusammenfließt. Denn durch die Freude in ihren Herzen drückt sich Gott in ihnen aus.

 Was kann man täglich dafür tun, um diesen Weg der Freude als Ritual oder als Methode anzuwenden?

Beginnt euren Tag mit einem Gebet, mit Bewegung. Beginnt euren Tag mit körperlicher Bewegung, um euch mit eurem göttlichen Selbst, mit eurem Atem zu verbinden, macht die Übungen, die sich für euch richtig anfühlen – Yoga, Joggen, Aerobics, alles, was euch in euren Körper bringt –, damit ihr wieder auf den Boden kommt, zurück in diese Schwingung der dritten Dimension, in der ihr euch aufhaltet.

Während ihr meditiert oder eure Übungen macht, verbindet euch mit Gott, mit der inneren göttlichen Quelle. Sprecht ein Gebet der Absicht, benennt eure Intention für den bevorstehenden Tag und bedankt euch für den vergangenen Tag, bedankt euch für den heutigen Tag und freut euch darauf, Gott dienen zu können. Beginnt mit einem oder mehreren Gebeten, die euch ansprechen, die auf Resonanz in eurem Herzen stoßen. Betet nicht einfach leere Worte daher, sondern spürt, wie die Worte ein Echo in eurer Seele finden. Laßt diese Worte als Affirmationen in eurer Seele nachklingen und geht durch euren Tag in Verbundenheit mit Gott. Dadurch werdet ihr geführt und wißt, was ihr an diesem Tag zu tun habt.

Folgt immer eurem Herzen, eurer Lebensfreude, dem, was ihr am liebsten tut, was ihr am liebsten ausdrücken wollt, und habt keine Angst davor, es dann auch zu tun. Erlaubt eurer Seele, zu den richtigen Orten, in die richtigen Umstände geführt zu werden.

Manchmal wollt ihr euch vielleicht nicht bewegen und lieber zu Hause sitzen bleiben, in der sicheren Umgebung eurer vier Wände, aber wenn eure Seele euch auffordert hinauszugehen, dann tut es. Versucht zu spüren, wie sich eure Seele immer wieder in euch regt, um euch weiterzubringen. Klammert euch nicht an die Vergangenheit, an euren Groll oder an Situationen, die eurem Empfinden nach Fehler waren. Haltet euch nicht mit diesen Dingen auf. Geht weiter und schaut, was ihr tun könnt. Euch mit längst vergangenen Dingen aufzuhalten hindert euch daran, weiterzugehen. Ihr sitzt dann fest.

 Was können wir im Geschäftsleben und im Beruf konkret tun, um uns von negativen Anhaftungen [Gedanken/Mustern] zu befreien?

Zunächst dürft ihr sie nicht als vergangene negative Anhaftungen betrachten. Was hat sie denn negativ gemacht? Eure Reaktion auf Umstände, die ihr selbst verursacht habt. Ihr beurteilt sie als negativ. Vielleicht ist euer Blickwinkel zu sehr eingeengt worden durch eure bisherigen Erfahrungen. Vielleicht sollt ihr auf den rechten Lebensweg geführt werden. Vielleicht hat sich euer Leben in eine Richtung bewegt, die nicht Gott geweiht ist, sondern eher eurem Ego.

Schaut es euch an. Habt keine Angst davor, euch selbst und eure Vergangenheit zu beurteilen, wenn es um die Lernerfahrung geht. Beurteilt euch selbst, aber nicht im Sinne von verurteilen, sondern beurteilt euer bisheriges Verhalten unter dem Aspekt, was ihr daraus lernen und wie ihr es besser machen könnt, damit ihr nicht die gleichen Erfahrungen, die ihr nun als Fehler betrachtet, noch einmal machen müßt, sondern damit ihr daraus lernt und euch auf einer höheren Ebene weiterentwickeln könnt.

Ihr müßt ehrlich mit euch selbst sein, um zu wissen, daß es nicht die Schuld anderer ist. Eure Regierungen tragen keine Schuld an eurem Schicksal. Das heißt nicht, daß sie perfekt sind, aber ihr müßt euch innerhalb der gegebenen Strukturen bewegen. Wenn ihr euch entscheidet, nicht mit diesen Strukturen zu leben, und das Gefühl habt, daß sie verändert werden müßten, dann verharrt nicht in Passivität und ständigen Klagen. Wer wird etwas ändern können, wenn nicht die Menschen selbst? Schreibt auf, was verändert werden müßte, macht Verbesserungsvorschläge und unterbreitet diese eurer Regierung, denn sie repräsentiert das Volk, ganz unabhängig davon, wer gerade an der Macht ist. Auch eine Monarchie repräsentiert die Menschen des jeweiligen Landes.

Wenn ihr diese Dinge zum Wohle aller Beteiligten, zum Wohle des ganzen Planeten, tut, werden sich die Veränderungen allmählich herauskristallisieren, völlig unabhängig von den staatlichen Strukturen. Ganz gleich, wie sehr ihr bestimmte Regierungen als schlecht oder negativ eingestuft habt, sie wurden doch ursprünglich zum Nutzen aller Menschen geschaffen. Nur durch das Ego der Menschen und ihre Kontrollsucht haben sie sich in ihr Gegenteil verkehrt. Wenn die Menschheit zum Wohle aller Betroffenen zusammenarbeiten würde, für das Wohl der Erde, der Stadt, des Landes, des ganzen Staates, der Umwelt, in der sie lebt, dann würde alles bestens funktionieren – zum Wohle der Gesamtheit, statt nur einen einzelnen Menschen zu verherrlichen.

Wenn ihr also euren Beruf ausübt, wenn ihr etwa ein Unternehmen gründen wollt, dann schafft etwas, das dem Wohle aller dient. Fangt mit einer Idee an, mit einer Vision, die der Menschheit weiterhilft, die die Erde weiterbringt, die der Erde zu ihrem Gleichgewicht verhilft, zu ihrer Harmonie. Wenn ihr dieses tut, wird euer Leben gesegnet sein, und auch das all der Menschen um euch herum wird gesegnet sein.

Beginnt euer neues Vorhaben vor dem Hintergrund dessen, was es der Menschheit geben kann, wie ihr den Menschen dienen könnt. Und nicht, wie ihr sie ausnützen könnt oder wieviel Geld ihr damit verdienen könnt. Spürt nach, wie sich dies anfühlt, während ich es sage. Euer Energiefeld zieht sich zusammen. Und zwar deshalb, weil dieses Verhalten egogesteuert ist, auch wenn es nicht nur einzelne, sondern das gesamte Unternehmen oder Geschäft tun. Es scheint zunächst so, als hätten diese Menschen Erfolg, aber nur, weil sie über die Leichen anderer gehen. Früher oder später werden die, die da oben sitzen, stürzen.

Wenn ihr euch damit auseinandersetzt, was ihr anderen geben könnt, werden Harmonie, Einklang und Heiterkeit unter den Menschen lawinenartig zunehmen. Und ihr werdet plötzlich unterstützt auf eine Art und Weise, die ihr nicht für möglich gehalten hättet. Wie durch ein Wunder werden alle leben und geben. Was kann euch mehr Freude bereiten als eine freudige Überraschung hinter jeder Ecke, allein durch euer Geben? Ihr seht, wie die anderen vor Freude strahlen, wenn ihr ihnen etwas gebt, und dies hinterläßt tiefe Zufriedenheit in euren Herzen.

Auch jene Menschen, die ganz oben sitzen und ein Unternehmen führen, die sich immer wieder bedienen, suchen eigentlich nach derselben Sache, meinen aber, daß sie sie nur durch Nehmen erhalten. Sie gehen jedoch leer aus.

Ich habe eine Frage. Ich verstehe diesen Kreislauf des Gebens.

Würdest du mich bitte direkt ansprechen, um dich klarer auszudrücken? Spür meine Energie, wenn du die Frage in dir formulierst, damit du dich mit den Energien, den Antworten, besser verbinden kannst. Gut, jetzt bist du da.

 Ja, ich bin hier. Mutter Maria, du sprachst von diesem Kreislauf des Gebens und Nehmens. Derjenige, der empfängt, spürt die Freude, die zu ihm zurückfließt. Auch der, der gibt, spürt sie. Was ist, wenn der, der empfängt oder ein bestimmtes Geschenk erhält, keine Dankbarkeit empfindet? Es gibt Menschen, die Dinge nicht mit offenem Herzen annehmen können. Bei ihnen entsteht dann eine Blockade.

Da ist keine Blockade. Es ist nur wieder einmal die Fehlfunktion, zu sehr im Ego zu sein, immer nur nehmen zu wollen. Wenn alle Menschen nur denken würden, „Wie kann ich geben?", dann könnte sich der Energiekreis schließen. Es würde ein Geben und Nehmen entstehen, ein Kreislauf, denn die, die nehmen, werden wieder und wieder geben wollen. Das Ziel besteht darin, daß alle Menschen geben. Das Geben wird lawinenartig anwachsen, wohingegen das Nehmen, Nehmen und wieder Nehmen immer mehr zurückgehen wird.

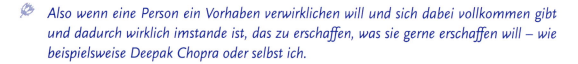 *Ist es also gut zu geben, ohne Dankbarkeit zu erwarten?*

Du solltest nie mit einer Erwartung geben. Du gibst aus reiner Freude am Geben. Die Erwartung, falls es eine gibt, besteht einfach in der Erfüllung und Freude deines Herzens. Ist das nicht schon Belohnung genug?

Also wenn eine Person ein Vorhaben verwirklichen will und sich dabei vollkommen gibt und dadurch wirklich imstande ist, das zu erschaffen, was sie gerne erschaffen will – wie beispielsweise Deepak Chopra oder selbst ich.

Deepak Chopra wird von göttlicher Inspiration angetrieben. Er handelt aus der Motivation heraus, was er anderen Menschen geben kann. Er fragt sich immer wieder: „Was kann ich geben? Was kann ich geben?" Er braucht sich niemals darüber Gedanken zu machen, was er zurückbekommt. Er denkt immer nur: „Was kann ich noch geben? Was kann ich noch geben? Was kann ich noch geben?", und das, was er zurückbekommt, ist wie ein Schneeballeffekt. Er geht mit großem Beispiel voran und wird deshalb von vielen sehr genau beobachtet, denn so zu leben entspricht dem göttlichen Plan für die Menschheit.

> *Wie sieht es denn mit den großen Unternehmen aus? Die Angestellten machen ihre Arbeit, sind aber heutzutage von der eigentlichen Essenz oft weit enfernt, von den Büchern, die sie produzieren und herausgeben, von den CDs, die sie herstellen, und ebenso von der Plattenfirma und der ganzen Branche.*

Wenn sie getrennt davon sind, werden sie nicht lange überleben. Es gibt aber jetzt schon Firmen und viele Menschen, die diesen Prozeß des Gebens erkannt haben und ihren Reichtum mit denen teilen und immer wieder teilen, die für sie arbeiten, indem sie ihnen die Möglichkeit bieten, Teilhaber der Firma zu werden. Was können diese Menschen der Firma geben? Ich frage dich, was können sie ihr geben? Sie werden belohnt. All das geschieht, weil der Firmenchef erwacht ist und erkannt hat, daß er nicht sehr viel zum Leben braucht und es ihm viel mehr Freude bereitet, andere zu fördern, die für ihn arbeiten. Heutzutage gibt es viele Unternehmen, die auf dieser Ebene arbeiten, und ihr werdet sehen, wie erfolgreich diese Firmen sein werden.

Sie tun Dinge zum Wohle der Menschheit. Es gibt auch schon Firmen, deren Führungskräfte, wenn sie diese Worte hier lesen und ihre innere Einstellung zu ihren Produkten ändern würden, eine vollkommene Veränderung in der Firmenstruktur erleben könnten. Sie sollten nicht nach der Konkurrenz Ausschau halten und sich auch keine Sorgen über den Wettbewerb machen oder darüber, ob sie genügend Geld verdienen werden.

Handelt aus dieser inneren Haltung heraus, was ihr tun könnt, um der Welt etwas zu geben, was ihr tun könnt, um der Welt noch mehr zu geben, damit sie besser wird, damit die Menschheit als Ganzes besser wird, damit ihr als Einheit zusammenarbeiten könnt, bis selbst der kleinste Angestellte so viel geben kann wie der führende Kopf des Unternehmens. Ohne die Leute, die die Toiletten putzen, die Böden wischen und alles sauber halten, könnten alle anderen nicht klar denken und sich wohlfühlen, denn sie tragen alle – jeder auf seine Art – zum Ganzen bei und sollten alle dafür geschätzt werden.

🌿 *Das klingt alles so vollkommen.*

Stellt euch nur einmal vor, ihr würdet in einer schönen modernen Firma arbeiten und müßtet auf eine Toilette gehen, die völlig verdreckt ist, und alle Angestellten, die irgendwann im Laufe des Tages ebenso zur Toilette müssen, kämen wieder heraus und fühlten sich unwohl in ihrem Körper und mit sich selbst: Sie würden geistig nicht zu ihrer Höchstform finden und könnten nicht zum Erfolg der Firma beitragen.

Wenn sie jedoch in einen Waschraum gehen, der sehr sauber gehalten wird von einem wunderbaren Menschen, der extra dafür angestellt ist und dafür sorgt, daß alles blitzblank ist, dann kommen sie heraus und fühlen sich gut, fühlen sich wohl in ihrer Haut und in ihrer Firma – fühlen sich einfach sauber. Dieser Angestellte sollte nicht übergangen werden, denn oft spielen gerade diese – wie ihr sagen würdet – untergeordneten Arbeiten eine sehr, sehr wichtige Rolle. Ihr seht also, alle Menschen leisten einen entscheidenden Beitrag.

Es ist erwiesen, daß Firmen, die auf diese Weise funktionieren, sehr erfolgreich sind. Dennoch gibt es viele Menschen, die dies nicht erkennen.

Solche Firmen florieren nicht nur äußerlich, sondern auch intern. Ihre Angestellten gehen zufrieden nach Hause. Das beeinflußt ihre Beziehungen, das Familienleben und die Kinder positiv, diese wiederum beeinflussen die Schule, die sie besuchen, denn sie beeinflußen wieder andere Kinder. Ein solches Betriebsklima hat weitreichende Auswirkungen, die man in der Firma selbst so nicht wahrnimmt.

Auf die gleiche Weise entsteht auch eine positive Kettenreaktion, wenn jemand eine gute Partnerschaft, eine gute Ehe führt. Seht ihr, Menschen in solchen Beziehungen strahlen Liebe aus und drücken sie auch täglich aus. Sie strahlen sie in ihrem Job, an ihrem Arbeitsplatz und der ganzen Welt gegenüber aus. Sie sind gewissermaßen die Symbole tiefempfundener Liebe.

Ihre Liebe basiert jedoch nicht darauf, was sie gegenseitig voneinander bekommen. Ihre Liebe basiert auf dem, was sie einander geben, wie sie einander dienen, ihren Kindern und ihren Familien dienen. Die Frau dient ihrem Mann, und der Mann dient seiner Frau. Er kommt von einem arbeitsreichen Tag nach Hause, aber er kommt voller Heiterkeit nach Hause, weil er für die Firma arbeitet, die wir gerade erwähnt haben – eine Firma, in der er gibt, in der alle geben. Er kommt nach Hause mit offenem Herzen, voller Energie. Er ist nicht müde von seiner Arbeit, sondern voller Enthusiasmus, Energie und Ideen. Er kommt nach Hause und teilt sie mit seiner Frau, denn er ist glücklich und sagt: „Das habe ich heute alles gegeben, und ich habe noch viel, viel mehr zu geben. Ich freue mich wahnsinnig, all das mit dir teilen zu können."

Seht ihr, er kommt nach Hause und teilt seinen Enthusiasmus mit seiner Frau, die auch begeistert und glücklich ist, denn sie merkt, wieviel er zu geben hat. Dann fragt er: „Was kann ich hier geben?" Er schaut sich um und sieht, daß es auch zu Hause viel zu geben gibt. „Was kann ich meiner Familie geben? Wie kann ich hier dazu beitragen, daß dieser Ort sein volles Potential erreicht?" Er hat diese Einstellung zu allem, was er tut, nicht nur bei der Arbeit. Sie wird ihm zur Angewohnheit werden, die er überall ausleben will. Er wird nach Hause kommen und seine Frau fragen: „Was kann ich dir geben? Was kann ich der Familie geben? Ich bin so zufrieden. Ich habe viel zu geben. Ich will immer mehr geben." Das nimmt einfach lawinenartig zu, versteht ihr?

Auch sie will ihm geben und empfängt ihn schon an der Tür. Beide haben ihren Kindern viel zu geben, gehen mit ihnen aus, genießen das Leben miteinander, machen Abenteuerurlaub. Ihr Kopf ist voller kreativer Ideen, wie sie einander immer mehr geben können, was sie dem Planeten und der Menschheit als Ganzes geben können.

 Und so erfüllen sie den Sinn ihres Lebens, der bereits in der Kindheit begann.

Sie brauchen nicht einmal zu überlegen, ob sie den Sinn ihres Lebens erfüllen, weil sie so damit beschäftigt sind, es zu tun.

 Was ist denn mit den Menschen und den Firmen, die Produkte wie Alkohol und andere Gebrauchsdrogen wie Zigaretten herstellen? Ein großer Prozentsatz von Menschen ist dort damit beschäftigt, Dinge herzustellen, die uns nicht guttun.

Wie lautet deine Frage?

 Wie können die Menschen ihren spirituellen Sinn erfüllen, wenn sie für solche Firmen arbeiten?

Es geht nicht um einen spirituellen Sinn. Es geht um den Lebenssinn. Es geht um den Sinn des Ganzen. Du trennst hier wieder und meinst, daß nur spirituelle Menschen ihn leben. Aber alle Menschen leben ihn. So lebt man ein Leben in Harmonie und Einklang.

Sie müssen also ihre Arbeit wechseln und etwas tun, von dem sie meinen, daß es der Menschheit weiterhilft.

Das ist ein natürlicher Vorgang, der stattfinden wird. Auch Unternehmen wie eure Ölgesellschaften, Tabakkonzerne, Kokain- und Heroinhändler sollten sich alle einmal selbst fragen: *„Was kann ich tun, um der Menschheit zu helfen?"* Warum sollten sie sich nur auf Öl, Tabak oder Drogen beschränken? Es gibt andere Dinge, die sie tun könnten. Sie könnten Dinge tun, die ihnen großen Reichtum bescheren und der Welt großen Nutzen bringen. Sie bräuchten nur umzuschalten und zu erkennen, was sie haben und was sie tun können. Denn sie verfügen alle über das Potential, ein höheres Ziel, einen höheren Sinn zu erreichen.

 Ich denke aber, daß sie Angst davor haben, nicht genug zu bekommen, da sie ein gewisses Maß an Macht bereits genießen.

Was heißt denn *genug*? Wenn du es aus der Sicht deines Egos betrachtest, gibt es nie genug, du wirst immer unerfüllt bleiben. Wenn du aber mit der Einstellung herangehst, wie du der Menschheit dienen kannst, reicht schon eine winzige Kleinigkeit, um dich zu erfüllen.

Es gibt unzählige Dinge, die Menschen tun können, um ins Geben zu kommen. Sie müssen sich nicht auf Ölquellen fixieren, sie können statt dessen Autos entwickeln, die die Umwelt schonen, Transportmittel, die umweltfreundlich sind. Sie können sicherlich sofort damit anfangen, Menschen anzustellen, die Fahrzeuge bauen, und das Öl in der Erde lassen, wo es hingehört, denn es hat einen Sinn, daß es in der Erde ist. Es ist das Schmiersystem eures Planeten. Er gerät völlig aus dem Gleichgewicht, und ihr werdet bald die Zerstörung eurer Welt erleben durch dieses Ungleichgewicht der inneren Ressourcen, nur weil die Menschheit von ihrer Gier angetrieben wird. Es gibt andere Möglichkeiten, Fahrzeuge anzutreiben, als die inneren Ressourcen der Erde zu verwenden.

Diese Fahrzeuge müssen auch keine Einweg-Fahrzeuge sein, denn auch das ist Verschwendung. Wenn Firmen dies zur Erhaltung der Erde beitragen würden, würden sie wissen, daß sie selbst sehr reich sind. Wieviel Geld braucht ein Mensch denn, um das Leben zu genießen? Ihr nehmt das Geld statt einfach den *Genuß am Leben* als Maßstab. Ihr könntet Fahrzeuge herstellen, die nicht auf dem Schrottplatz enden, sondern die ihr von Generation zu Generation vererben könnt.

Unsere Industrie basiert aber darauf, am laufenden Band neue Produkte herzustellen.

Und Abfall zu produzieren. Genau das passiert, wenn man aus dem Ego heraus handelt, denn es ist nicht auf *das Wohl aller* ausgerichtet. Es wird bald sehr bedenklich werden, wenn Unternehmen nicht zum Wohle der Gesamtheit arbeiten. Wenn immer mehr Menschen erwachen, werden sie diesen Weg gehen wollen. Es wird sehr unangenehm sein, immer noch vom Ego angetrieben zu werden und nur an den Wohlstand der eigenen Firma zu denken. Die Unternehmen und Menschen, die sich für das Wohl der ganzen Menschheit einsetzen, werden große Anerkennung erhalten. All das ist Teil der neuen Form des Seins.

9

Ausgewogenheit

(Ernährung, Fasten, Stille)

Meine herzallerliebsten Kinder,

Seid präsent. Ich bin hier bei euch. Sprecht mich an, wenn ihr eine Frage habt, damit ihr spürt, daß ich hier bei euch bin. So solltet ihr alle Menschen ansprechen. So seid ihr in der Situation geerdet. Es ist sehr wichtig, die andere Person im Gespräch direkt anzusprechen, weil sie dann ihre Aufmerksamkeit auf das richtet, was ihr zu sagen habt. Dies lenkt auch eure Aufmerksamkeit auf eure Wortwahl, damit ihr von der bestmöglichen Sichtweise eures Höheren Selbst aus sprecht. Sonst
    schweift und
        schweift und
            schweift ihr immer wieder ab.

Beobachtet, wie sich euer Körper anfühlt, wenn ihr euer Gegenüber in der entsprechenden Situation anredet. Und wenn ihr die andere Person nicht direkt ansprecht, spürt ihr diesen leeren Raum in euch, dieses Abdriften, das euch von der Ganzheit abtrennt. Was ist deine nächste Frage?

 Wie beeinflußt die Ernährung unsere Lebenskraft?

Ihr lebt in einer organischen Welt. Die dreidimensionale Ebene ist die, die ihr als organische Ebene bezeichnet, sie besteht aus einer Substanz aus Gewicht und Materie, und diese Dinge sind in Harmonie miteinander zum Wohle des Ganzen. Die Wesen auf diesem Planeten, d.h. Tiere, Pflanzen und Menschen, nehmen alle eine Substanz zu sich, damit diese organische Materie wachsen und sich bewegen kann.

Die Mineralstoffe und die, wie ihr sie nennt, Vitamine sind in den Substanzen enthalten, die ihr euren Körpern zuführt, damit diese wachsen und gesund bleiben können. Sie sind in euren Flüssigkeiten, dem Wasser, das ihr trinkt, enthalten. Sie kommen in den Weltmeeren vor, in denen ihr schwimmt. Sie werden durch die Haut aufgenommen. Ihr nehmt sie durch das Sonnenlicht auf. Ihr nehmt sie sogar durch die Erde auf, denn die Erde ernährt die Pflanzen. Die Erde ernährt die Pflanzen durch ihren Mineralienreichtum. Sonnenlicht und Wasser ernähren die Pflanzen ebenso, so daß ihr letztendlich die Substanz zu euch nehmt, aus der ihr selbst besteht.

Ihr seid aus Erde gemacht. Ihr seid aus Sonne gemacht. Ihr seid aus Luft gemacht. Ihr seid aus Wasser gemacht. Euer Körper besteht aus all diesen Substanzen, und wenn diese Substanzen, die ihr eurem Körper zuführt, ausgegewogen sind, gleichen sie auch euren Körper aus.

Zur Zeit gibt es ein großes Ungleichgewicht auf der Erde, niemand sorgt so richtig für sie, so daß ihr eure Nahrung düngen müßt, euer Gemüse, eure Früchte, eure Pflanzen, um ihnen mehr Gehalt zu geben und sie größer werden zu lassen. All dies geschieht, weil ihr eure Erde nicht richtig behandelt habt.

Ihr habt die natürlichen Substanzen eures Planeten durch eure speziellen Anbaumethoden erschöpft, was euch auch gesundheitlich schadet. Durch die Massenproduktion habt ihr die Erde ausgelaugt und ihr keine Ruhepausen gelassen, die ihr erlauben, sich durch die Sonne, das Wasser und die Luft zu erneuern, ihr nutzt die Erde ununterbrochen. Sie kann sich nicht regenerieren, also verwendet ihr Düngemittel, um ihr das wiederzugeben, was ihr ihr geraubt habt. Wenn ihr beim Obstanbau im Garten die Fruchtsorten abwechseln würdet, auf dem Feld im ständigen Wechsel anbauen, unterschiedliche Getreide im Wechsel aussäen würdet, wäre eure Erde nicht so ausgelaugt und hätte mehr von den Nährstoffen, die sie benötigt.

Noch einmal, die ganze Menschheit könnte harmonisch zusammenarbeiten, denn es gibt genügend Nahrung auf diesem Planeten, um alle Menschen zu ernähren, aber viel wird durch unwirtschaftliche Strukturen verschwendet, durch das Mißmanagement eurer Regierungen, das sich sehr nachteilig auf die Situation der Bauern auswirkt, die wiederum ihre Felder bewirtschaften müssen. Es entwickelt sich eine unmögliche Situation, denn eure Bauern werden nicht geachtet für das, was sie hervorbringen, um die Menschen zu ernähren. Sie sind diejenigen, die am wenigsten verdienen, so daß es ihnen sehr schwerfällt, ihre Arbeit weiterhin zu tun und für ihre Familien zu sorgen. Wie ihr seht, ist das ein sehr komplexes Thema.

All das verhindert ein Gleichgewicht. Euer Körper braucht Substanzen, die euch im Gleichgewicht halten, aber je nach der Umgebung, in der ihr lebt, braucht der Körper unterschiedliche Substanzen, die ihn nähren und gesund erhalten.

Wenn ihr in milden, warmen Gefilden lebt, wird euer Körper leichter, er wird geschmeidiger, braucht weniger Fett, um sich vor der Kälte zu schützen. Es besteht keine Notwendigkeit, sich vor der Kälte zu schützen, weil es keine Kälte gibt. Ihr werdet insgesamt geschmeidiger, euer Körper kommt in Form, ihr habt mehr Appetit auf leichtere Kost, weil ihr euch leichter fühlt. In kälteren Klimazonen braucht euer Körper schwerere Nahrung, um den inneren Ofen einzuheizen, um mehr Fett auf den Knochen zu haben, damit die Wärme gespeichert werden kann. Das ist ein natürlicher Prozeß. Ihr ernährt euch von Dingen, die länger brauchen, um verdaut zu werden, damit der Körper besser überleben kann.

Euer Körper wird auch beeinflußt von euren Gedanken und Überzeugungen, die ihr im Leben habt. Es ist nicht gerechtfertigt, Werturteile über euch selbst und über andere abzugeben in Hinblick auf eure Ernährung, denn jeder Mensch hat seine eigenen Gedanken und Überzeugungen, die bestimmen, welche Nahrung er benötigt, um sich wohl und ausgeglichen zu fühlen. Ich fordere euch deshalb auf, eure gegenseitigen Bewertungen über eure Ernährungsgewohnheiten sein zu lassen – eure Bewertungen darüber, welcher Mensch besser ist, weil er „reinere" Nahrung zu sich nimmt, gemessen an den Maßstäben einer einzelnen Person. Jeder von euch sollte sich nach seinen eigenen Maßstäben richten.

Versucht, in euren Körper hineinzuhorchen und zu spüren, was er braucht, wonach er verlangt. Spürt dieses wohlige Gefühl in euch, wenn ihr die richtige Nahrung zu euch genommen habt. Bemerkt das Ungleichgewicht, wenn ihr die falschen Dinge gegessen habt, und versucht, die Nahrung zu meiden, die den Körper nicht ausgewogen ernährt. Ihr merkt es schon, wenn ihr die Nahrung aufnehmt. Bleibt bei euch selbst und urteilt nicht. Segnet das Essen, das ihr zu euch nehmt. Versucht, *ausgewogen* zu sein. Nehmt dies als Schlüssel, als symbolischen Schlüssel, um bei guter Gesundheit zu bleiben: Pflegt *Ausgewogenheit* in euren Gedanken und *Ausgewogenheit* in eurer Ernährung, nehmt das zu euch, was sich für euren Körper gut und richtig anfühlt.

Jetzt zum Thema Fasten. Der Körper muß arbeiten, um die Nahrung zu verdauen. Oft fühlt ihr euch nach einer schweren Mahlzeit müde, weil euer gesamtes Blut im Magen ist, um das Essen zu verdauen. Drängt euch nicht zu harter Arbeit nach einer schweren Mahlzeit. Versucht weniger zu essen, dann braucht ihr weniger Zeit zum Verdauen. Wie gesagt, alles in Maßen. Übernehmt euch nicht beim Essen. Nehmt euch Zeit beim Essen, um es zu schmecken, um es zu segnen, damit es eurem Körper Segen bringt. Eßt nicht so hastig, damit ihr merkt, was ihr eßt. Nehmt euch Zeit, spürt die Nahrung, kostet den Geschmack einer Orange so richtig aus, wenn ihr hineinbeißt, laßt den Saft auf eurer Zunge zergehen und spürt, wie er euren Körper nährt. Nehmt euch die Zeit für diese Orange, nehmt sie in euren Körper auf, spürt, wie sie euren Körper nährt. Wenn ihr euch die Zeit nehmt zu spüren, wie das Essen euren Körper nährt, werdet ihr merken, welche Nahrung euch guttut, und werdet nicht soviel davon essen, weil ihr schneller befriedigt seid, wenn ihr mit euren Gedanken beim Essen seid.

Wenn ihr fastet, gebt ihr eurem Körper eine Pause, eine kleine Pause, in der er nicht verdauen, verdauen und wieder verdauen muß. Ihr gönnt eurem Magen, eurem Darm, eurem Dickdarm, eurer Galle, der Leber, euren Nieren, den Nebennieren, eurer Bauchspeicheldrüse, all diesen Verdauungsorganen eine kleine Ruhepause. Es ist jedoch wichtig, euch Zeit zu nehmen, während ihr fastet, um euren Körper zu segnen und euren Verdauungsorganen durch eure Hände etwas Energie zu geben. Ihr nennt diese Energie „Reiki", ihr braucht Reiki aber nicht zu kennen, um die Energie von euren Händen in den Körper fließen zu lassen. Legt eure Hände einfach auf die Verdauungsorgane und versorgt euch mit positiven Gedanken.

Das Fasten hilft euch sehr dabei, euren Körper zu spüren, ihn zur Ruhe kommen zu lassen und euren Geist in den Griff zu bekommen, damit ihr nicht zuviel oder unbewußt eßt. Ihr werdet dadurch sensibler für eure Eßgelüste, ihr merkt, welche Werturteile ihr über die Nahrung habt, und lernt, euch bei den Nahrungsmitteln, die süchtig machen können, zurückzuhalten. Eure Nahrung macht dann süchtig, wenn ihr euch nicht mehr beherrschen könnt. Das Fasten ermöglicht euch, euch mehr auf euch selbst *einzustimmen*, auf euer Verhältnis zur Nahrung und auf eure Fähigkeit zur Selbstdisziplin.

Es ist eine Zeit, in der ihr euch auf andere Dinge konzentrieren könnt, eine Zeit, in der ihr eure Gedanken klären könnt. Es tut gut, während des Fastens ein paar körperliche Übungen wie Yoga, Tai Chi oder Qi Gong zu machen – einfache Übungen, die euch helfen, euch auf euren Körper einzustimmen. Dieser Körper ist das Gefäß, mit dem ihr euch durch das Leben bewegt, weshalb ihr ihn so gut wie möglich erhalten solltet. Wenn ihr ein hochleistungsfähiges Auto haben wollt, ein hochleistungsfähiges Fahrzeug, dann müßt ihr es gut pflegen. In dieser Fastenzeit könnt ihr euch auf euren Körper einstimmen und herausfinden, wo er im Ungleichgewicht ist. Ihr könnt die verschiedenen Körperbereiche spüren und ihnen etwas Energie und liebevolle Gedanken schicken.

Ihr seid euch oft nicht bewußt über die Gedanken, die ihr eurem Körper zuführt. Ihr ernährt ihn nicht nur mit Nahrung, sondern auch mit euren Gedanken. Wenn ihr ihn mit verurteilenden Gedanken, mit Wut und Haß nährt, schafft ihr ein Ungleichgewicht in eurem Körper und damit den Nährboden für Krankheit. Nehmt euch Zeit, während ihr fastet, um herauszufinden, woher eure Gedanken kommen. Ihr könnt sie dann umwandeln in liebevolle, heitere, heilende, bejahende Gedanken. Entwickelt eine Vorstellung davon, was ihr gerne tun würdet, wie ihr euer Leben gestalten wollt, wie ihr euch selbst seht. Es ist sehr wichtig, all diese Dinge zu tun!

 Wäre es gut, eine Zeit der Stille, eine Zeit des Schweigens, einzuhalten?

Natürlich wäre das gut. Beginnt zunächst mit ein paar Stunden, wenn euch ein ganzer Tag zuviel ist. Wie beim Fasten könnt ihr mit einigen Stunden anfangen, wenn euch ein ganzer Tag zuviel ist. Beginnt irgendwo. Nehmt euch zunächst kleinere Schritte vor. So könnt ihr es auch mit der Stille machen. Die Stille ist sehr gut, um darüber nachzusinnen, wo eure Gedanken herkommen. Wenn ihr in einer Gruppe seid, in der viel geredet wird, beobachtet eure Gedanken, die ihr der Gruppe gerne mitteilen würdet, aber sprecht sie nicht aus. Beobachtet eure Gedanken, und wenn ihr sie aufschreibt, könnt ihr sehr gut sehen, was ihr wirklich gedacht habt. Das ist sehr nützlich, um euch selbst kennenzulernen, wie ihr euch verhaltet und wie ihr eure Gedanken beeinflußt.

Denn, wie ich bereits anfangs sagte, eure Gedanken sind der Schlüssel zu eurem Leben. Wenn ihr das Fasten auch auf das Reden ausdehnt, „in die Stille geht", werdet ihr euch eurer Gedanken, eurer Äußerungen sehr bewußt, besonders wenn ihr sie aufschreibt. Wenn ihr sie nicht sofort aussprechen könnt, werdet ihr sehr vorsichtig darin werden, wie ihr die Dinge formuliert, besonders wenn ihr alles aufschreibt und es jemandem zeigt. Wenn ihr eure Gedanken schwarz auf weiß seht, werdet ihr feststellen, wie schädlich eure Worte sein können, oder wie machtvoll oder wundervoll. Ihr werdet dadurch leichter erkennen können, wie ihr euch durch das Leben bewegt und wie ihr von anderen aufgenommen werdet.

10

Göttliche Inspiration

> 🌸 Ist es gut, das zu ignorieren, was wir als schlechtes Verhalten bei jemandem erleben, oder ist es besser, es anzusprechen?

Versuch deine Frage ohne eine Bewertung zu formulieren.

> 🌸 Ist es gut, das Verhalten von jemandem, das in uns ein ungutes Gefühl auslöst, zu ignorieren?

Mein liebes Kind, erde dich mehr. Sei aufmerksamer in Gesprächen, ohne andere zu bewerten. Sonst bist du nicht präsent. Du bist sonst eher von der Situation losgelöst, da du dich nicht wirklich an andere wendest, sondern auf sie projizierst. Laß dich auf die Situation ein.

Dabei geht es um die Frage: „Wie nutzt man seine Macht, ohne dabei ins Ego zu verfallen und den anderen zu überwältigen? Wie drückt man das aus, was man gerne erleben möchte, und schafft ein harmonisches Zusammensein mit den Menschen, denen man begegnet?" Das ist doch die Frage, nicht wahr?

> 🌸 Ja, sehr gut.

Du fängst an zu sprechen, indem du die Person direkt anredest. Sag ihren Namen, da dies ihre Aufmerksamkeit erregt, dann teilst du ihr deine Gedanken mit, aber nicht, indem du ihr sagst, was sie tun soll, sondern in der Absicht, dich darüber auszutauschen, was dir gerade wichtig ist.

Wenn du beispielsweise als Beifahrer in einem Auto mitfährst – so wie du es vor kurzem erlebt hast –, sprichst du den Fahrer mit Namen an. Wenn er zu schnell fährt, sprichst du ihn direkt an und sagst: „Joseph (nehmen wir an, er heißt so), ich habe große Schwierigkeiten und fühle mich sehr unwohl, wenn du so schnell fährst. Macht es dir etwas aus, langsamer zu fahren, damit es mir besser geht?" Wenn er deinen Wunsch ablehnt, kannst du erwidern: „Dann möchte ich lieber aussteigen. Würdest du bitte anhalten und mich raus lassen, damit ich mich wohler fühle? Danke. Du kannst dann so weiter fahren, wie du willst, und ich fühle mich sicherer, nicht mit dir fahren zu müssen." Ihr braucht nicht darüber zu diskutieren. Du brauchst nur zu sagen, was dir wichtig ist.

Auf der anderen Seite ist es wichtig, daß der Fahrer des Wagens Rücksicht auf die Mitfahrer nimmt. Er muß sich darüber im klaren sein, daß er nicht nur für sein Leben verantwortlich ist, sondern auch für das der anderen. Er ist der Fahrer und trägt damit eine große Verantwortung. Er ist nicht nur für die Menschen in seinem Auto verantwortlich, sondern auch für deren Freunde und Angehörige und muß bedenken, welche Auswirkungen es nach sich ziehen kann, wenn ihnen oder anderen Menschen etwas geschieht, wenn sie einen Unfall haben und dabei verletzt oder getötet werden. Wenn also mehr Menschen als nur du selbst an einer Situation beteiligt sind, mußt du immer auch die anderen mit berücksichtigen. Behalte stets das Wohl aller Beteiligten im Auge. Das ist das rechte Verhalten in allen Lebenslagen, das Geschäftsleben mit eingeschlossen.

 Ist es gut, unsere Wünsche in Form von Zielen genau zu definieren, uns unsere innere Vision genau auszumalen, oder ist es sinnvoller, uns keine detaillierten Zukunftsvisionen zu machen und uns eher dem Fluß des Lebens hinzugeben?

Worin liegt der Unterschied zwischen euren eigenen Wünschen und eurer göttlichen Inspiration? Es ist der Idealzustand, wenn ihr in eurem Leben göttlich inspiriert seid. Dann wißt ihr, daß ihr mit eurem Lebenssinn übereinstimmt. Wenn ihr nicht göttlich inspiriert seid, dann betet um die göttliche Inspiration, damit ihr euer Schicksal erfüllen könnt, denn der

Wille Gottes dient eurem höchsten Wohl in eurem jetzigen Leben. Betet immer wieder für diese Inspiration. Setzt euch still hin und lauscht auf diese Inspiration.

Stellt euch die Frage: „Was bereitet mir am meisten Freude?" Was würdet ihr gerne zum Wohle der Menschheit beitragen, nicht nur für euch selbst, sondern für das Wohl der ganzen Menschheit? Setzt euch still hin und überlegt euch, was ihr dieser Welt gerne durch eure besonderen Fähigkeiten geben würdet. Durch die göttliche Inspiration wird euch dies klar werden, es wird nicht mehr um euer egoistisches Verlangen gehen, um eure eigene Verherrlichung, eure eigenen Phantasien, eure kurzlebigen romantischen Phantasien – all diese Dinge, die euer Verlangen erwecken. Versucht, die göttliche Inspiration für euer Leben zu finden, statt der Befriedigung eurer Wünsche nachzugehen. Dadurch kann die Inspiration wachsen. Versteht ihr? Habe ich den Unterschied zwischen Verlangen und göttlicher Inspiration klargemacht?

 Ja. Muß ich ständig in Kontakt mit dieser Inspiration sein, oder stelle ich ihn durch die Meditation her?

Das Leben ist ewige Bewegung. Bitte darum, daß sich die göttliche Inspiration dir täglich zeigen möge, in jeder Form. Du wirst Bilder allgemeiner Art darüber haben, welchen Beitrag du zum Wohle der Welt leisten möchtest, auf was du hinarbeiten mußt. Wenn du diese Dinge siehst, erlaube ihnen, sich genauer darzustellen. Sag JA zu Gott, sag JA dazu, daß du bereit bist, dich dieser Inspiration zu öffnen.

Bete dafür, daß sich alles in diese Richtung entwickelt und daß du es auch wahrnehmen kannst und nicht in deine eigenen Vorstellungen verstrickt bleibst, wie es auszusehen *hat*. Bitte darum, daß dein Leben geführt wird, um diesen Plan, so wie Gott ihn sieht, zu erfüllen. **Es ist nicht immer das Ziel, sondern der Weg dorthin, der dir Erkenntnis vermittelt, denn du bist hier, um dich weiterzuentwickeln und zu lernen, Gott in höchster Form durch dich auszudrücken.** Deshalb bist du hier.

Aber ich möchte, daß du noch konkreter wirst, denn es gibt sehr viel mehr Dinge als nur dieses Thema, die dich beschäftigen. Du weißt doch, daß du durch deinen Geist und seine Funktionsweise repräsentativ bist für sehr viele Menschen und das, was sie denken. Dein Bewußtsein unterscheidet sich nicht wesentlich von dem der meisten Menschen. Ich bin dir dankbar, daß du deine Zeit und Energie für dieses Projekt geopfert hast. Und ich schätze deine Bereitschaft zu lernen und deine Offenheit, anderen dadurch etwas beizubringen.

Es geht hier nicht um das Beurteilen, denn nur *du* beurteilst dich selbst. Versuch, dich nicht selbst zu bewerten. Nimm die Informationen einfach auf und sei bereit, zu lernen und dankbar zu sein für deine Beiträge, denn das ist Teil deiner göttlichen Aufgabe, die Menschen zu repräsentieren, die nicht erwacht sind, und ihnen durch deine Fragen dabei zu helfen, zu erwachen. Verstehst du?

> *Ja, sehr wohl. Aber können wir denn sagen, daß unser persönliches Verlangen schlecht ist?*

Du bewertest dich schon wieder, indem du dein persönliches Verlangen als gut oder schlecht hinstellst. Ich habe beschrieben, was du tun kannst. Du mußt daran arbeiten, was dir deine göttliche Inspiration eingibt. Das bedeutet, deine persönlichen Wünsche beiseite zu schieben, denn sie werden dich immer unerfüllt lassen. Sie sind kurzlebige Phantasien. Das kannst du in dieser Stadt, in der du dich gerade aufhältst, beobachten. Du siehst, wie die Menschen ihren kurzlebigen Sehnsüchten, Phantasien und Illusionen nachgehen. Wenn sie erst einmal erwacht sind, verlassen sie diesen Pfad und geben sich ihrer göttlichen Inspiration hin, um ganz zu werden, um von dieser Welt zu sein, ohne ihr jedoch verhaftet zu sein.

> *Ist es gut, Dingen, Situationen, Umständen und Menschen gegenüber nicht verhaftet zu sein?*

Das ist eine gute Frage, denn wie löst man sich und bleibt dennoch engagiert im Leben, da man nun einmal hier ist, um zu leben? Ihr seid hier, um in euer Einssein mit Gott zu wachsen. Betrachtet also eure Umstände als Lernerfahrungen. Begebt euch in die Erfahrung hinein, betrachtet sie aber auch von außen als eine Lernerfahrung. Löst euch nicht vollständig los, so daß ihr nichts mehr daraus lernt. Ihr müßt euch einlassen, um durch die Erfahrung hindurchgehen zu können.

Es ist wieder wie bei einer Aufführung auf der Bühne. Du hast eine bestimmte Rolle an diesem Tag zu spielen, du ziehst dein Kostüm an und betrittst die Bühne. Es sind noch andere Schauspieler da. Du kannst deine Rolle nur spielen, wenn du zusammen mit ihnen spielst. Sonst würdest du hinter der Bühne stehen und alles nur beobachten und nie deine Rolle auf der Bühne des Lebens spielen können. Aber wie verbindest du dich mit der Weisheit deines Herzens, wenn nicht durch die Erfahrung selbst?

So gelangt man zu Erkenntnis. Man muß durch sie hindurchgehen, aber nicht, indem man zur Seite tritt und lediglich alles beobachtet. Es ist wie ein Tanz zwischen diesen beiden Zuständen. Du mußt hindurchgehen, dich einlassen und gleichzeitig zurücktreten und beobachten, dann wieder hindurchgehen, dich einlassen und wieder zurücktreten und beobachten, damit du sowohl Schauspieler als auch Regisseur sein kannst. Der Regisseur kann nur Regie führen, wenn er die Schauspieler in Aktion sieht. Er kann eingreifen und Veränderungen vornehmen und das Stück so gestalten, wie er es haben will. Wenn aber keine Schauspieler auf der Bühne sind, wie kann er dann Regie führen? Wie kann er feststellen, ob daraus etwas wird? Du bist Regisseur und Schauspieler zugleich.

Hier eine Strophe aus einem Gebet:

> *O göttliche Einheit, verbinde dich jetzt mit mir,*
> *Auf daß wir zu einer Energie werden,*
> *Der Menschheit unermüdlich dienen,*
> *Den Willen des allmächtigen Gottes zum Ausdruck bringen.*

Wenn du die Bedeutung dieses Gebets wirklich verstehst, wirst du wissen, wie du dein Leben als Regisseur und Schauspieler zugleich führen kannst. Meditiere über dieses Gebet, werde zu diesem Gebet, laß dieses Gebet dir zeigen, wie du durch dein Leben gehen kannst.

 Woher wissen wir denn, ob wir den Willen des allmächtigen Gottes ausdrücken oder ob wir nur nach dem Willen unseres „allmächtigen" menschlichen Selbst leben?

Ihr werdet ein Gefühl des Friedens, ein Gefühl der Ausgeglichenheit haben, wenn ihr miteinander redet, wenn ihr über Dinge redet, über die ihr euch nicht einig seid. Wenn ihr darüber diskutiert, tut es mit einem offenen Herzen. Nimm dir vor, nicht nur dich selbst zu verstehen, sondern auch den Menschen, mit dem du dich unterhältst. Wenn alle Gesprächspartner so denken – daß sie sich und den anderen verstehen wollen –, dann werdet ihr einen Durchbruch in euren Diskussionen erleben, einen Durchbruch, der euch Ausgeglichenheit und Frieden bringt. Es wird sich auf eure Körper übertragen, und wahre Liebe wird zwischen dir und deinem Gesprächspartner oder zwischen dir und anderen Beteiligten fließen.

Wenn alle dieses Verständnis von Liebe und Anerkennung für sich selbst und für andere haben, wenn ihr ein alles übergreifendes Verlangen danach habt, daß alle zufrieden sind, dann macht euch dies zum Ziel: den Wunsch, daß alle glücklich sind und es nur Gewinner gibt. Wenn sich alle Beteiligten so fühlen, werdet ihr Wunder erleben, da ihr den Willen Gottes zum Ausdruck bringt.

Stellt euch vor, eure Regierungen würden so arbeiten, nicht nur in ihren eigenen Reihen, sondern auch im Austausch mit anderen Staaten, wären gewillt, alle Menschen zu Gewinnern zu machen. Mir liegt es fern, eure Regierungen zu kritisieren, denn viele sind bereits dazu übergegangen, sich so zu verhalten. Aber alle Regierenden müssen erwachen, und diese Einstellung sollte die Basis für jedes Treffen von verschiedenen Staaten und Regierungen sein, nämlich daß das höchste Wohl der Menschheit und das Wohl aller berücksichtigt wird. Es sollte ein Gewinn für alle sein.

Woher wissen wir denn, ob die Vorhaben, die wir im Sinn haben, mit dem höheren Zweck übereinstimmen? Bringt es denn etwas, daß wir uns diese Vorhaben und Ziele mental vorstellen und spüren, was unser Herz dazu sagt?

Nein. Ich habe diese Frage gerade beantwortet. Ich sagte, betet für die göttliche Inspiration, damit sie euch zeigt, was eure Gaben sind. Spürt in diese Gaben hinein, meditiert über sie und schaut, was euch die größte Freude bereitet und wie ihr dadurch zum Wohle der Menschheit beitragen könnt. Was könnt ihr geben? Dann werden euch die Türen geöffnet, und eure Projekte werden wie von selbst zu euch kommen. Ihr werdet wissen, durch welche Tür ihr gehen müßt. Achtet immer auf das Wohl aller.

Wenn ihr eine Aufgabe in Angriff nehmt, die eine neue Form von Hilfe für die Menschheit darstellt, müßt ihr die Menschen aufklären, die euer Tun nicht verstehen. Bei der Aufklärung werdet ihr mit großen Herausforderungen auf eurem Weg zu dieser besonderen Aufgabe konfrontiert werden. Bittet die Menschen um ihre Hilfe, wenn ihr eure Aufgabe vorstellt. Stellt sie so dar, daß sie allen Menschen nutzt, und bittet sie um den Beitrag, den sie leisten wollen, um der gesamten Menschheit zu helfen. Bittet sie um ihre Hilfe.

Wenn ihr euch in die richtige Richtung bewegt, gehen alle Türen auf. Türen, die ihr nicht für möglich gehalten hattet, gehen plötzlich auf. Nehmt die Türen, die sich auftun, wahr, und seid dankbar dafür, denn ein Teil der Lebensfreude besteht darin zu erleben, daß das Leben ein Wunder ist, zu sehen, wie sich das Mysterium enthüllt.

Mach eine Bestandsaufnahme von deinem Inneren. Beginne immer mit einer Visualisierung, wie du dich und dein Leben gerne siehst, und behalte diese Vorstellung bei. Denk dabei immer daran, wie du der Menschheit dienen kannst und nicht nur dir selbst. Stell dir selbst folgende Fragen:

- Wie kann ich am besten diese(n) wunderschöne(n) Schauspieler(in), die/der ich bin, auf der Lebensbühne spielen lassen?
- Wie möchte ich gerne gesehen werden?
- Wie will ich von allen Menschen, Kindern, Erwachsenen und alten Menschen, von Tieren empfangen werden?
- Wie möchte ich gerne in Erinnerung bleiben?
- Was will ich zum Wohle der Menschheit beitragen?

Schau zurück und überleg dir genau, was du bisher gegeben hast und was du gerne gegeben hättest. Mit welchem Akt des Gebens wolltest du gerne in Erinnerung bleiben? *Wie* hast du gegeben? Denn so bleibst du bei anderen in Erinnerung.

Noch einmal: Es beginnt und endet alles mit der Einstellung zu dir selbst und zu allen Dingen außerhalb von dir. Zuerst zu dir selbst, dann zu deinem Leben. Wisse, daß deine Einstellung dein Erleben erschafft.

Wenn du geliebt werden willst, dann liebe.

Wenn Menschen freundlich zu dir sein sollen, dann sei freundlich zu ihnen.

      Genau das
                wirst du
                            erschaffen.

Wenn es jedoch schwierige Menschen in deinem Leben gibt, die sich immer wieder dafür entscheiden, nicht liebenswert und aufmerksam zu sein, die nur Chaos verursachen, ganz gleich, wie sehr du dich auch anstrengst, Liebe, Aufmerksamkeit und Harmonie in dir selbst zu entwickeln, dann mußt du dich von diesen Menschen trennen und in deinem eigenen

Leben weitergehen. Wenn sie dann bereit sind, ihre Liebenswürdigkeit mit dir zu teilen, können sie sich dir ja wieder anschließen.

Manchmal mußt du dich aber von Umständen oder Menschen fernhalten, die nicht bereit sind, ihr Bewußtsein weiterzuentwickeln. Du wirst dich von ihnen nicht angezogen fühlen, da eure Körperchemie nicht harmoniert. Achte auf deine Gedanken. Achte auf deine Bewertungen. Dein Körper reagiert auf das, was du im Inneren bist, mit einem besonderen Geruch.

 Was wir heutzutage erleben ist ein Teufelskreis von Negativität: Die Menschen kümmern sich nicht um den anderen, sie unterstützen einander nicht. Damit ihr Ego sich aufplustern kann, unterdrücken sie andere.

Ich hatte euch darum gebeten, euren Tag damit zu beginnen, herauszufinden, wie ihr den ganzen Tag über geben könnt. Ich möchte alle Leserinnen und Leser dazu auffordern, dies zu tun. Macht es einen Tag lang und schaut, was passiert. Dann macht es zwei Tage lang, dann drei, und macht so lange weiter, bis es zu einer neuen Gewohnheit in eurem Leben wird. Ihr werdet euch nicht mehr fragen, was ihr hier auf diesem Planeten zu schaffen habt, denn ihr werdet damit beschäftigt sein, es zu leben.

11

Vergebung und Gesundheit

Meine herzallerliebsten Kinder,

Wir sind heute zusammengekommen, um über Vergebung und Gesundheit zu sprechen – ihr werdet sehen, wie diese beiden Dinge auf wundervolle Weise Hand in Hand arbeiten.

Ich möchte mit euch über ein geistiges Gesetz sprechen, das euch zeigt, wie ihr bestimmte Gegebenheiten auflösen könnt, wenn ihr es einmal verstanden habt. „Die Sünden der Väter werden von einer Generation zur nächsten weitergegeben." Was bedeutet das? Väter sind ein Teil eurer irdischen Eltern, derjenigen, die vor euch da waren. Und jetzt möchte ich den Begriff „Sünde" erklären. Einfach ausgedrückt, bedeutet er ein Mangel an *Verständnis*, der durch den Mangel an Wissen in eurem Bewußtsein entsteht. Wenn man wahrhaftig jeden Gedanken, jede Tat und ihre Auswirkungen verstehen würde, würde man sich sicherlich jeden Gedanken, jedes Wort und jede Tat genaustens überlegen. Denn ihre Auswirkungen spiegeln sich ganz deutlich in eurem Leben und im Leben anderer wider.

Was, meine lieben Kinder, ist nun die Konsequenz aus eurem Mangel an Verständnis, der zu schlechten Taten führt? Unausgeglichenheit und Unfriede sind die Folge. Durch die Spannungen in der Seele entstehen wiederum Krankheiten im Körper. Der Schlüssel zur

Wiederherstellung von Harmonie und Ausgeglichenheit im Körper liegt darin, mit Hilfe des Verstandes und der Gefühle Vergebung und mitfühlendes Verständnis zu entwickeln.

Verstand und Gefühl können als Team zusammenarbeiten. Wenn sie harmonisch miteinander arbeiten, drückt der Körper diesen Gleichklang aus. Er strahlt Freude und Zufriedenheit aus. Ihr habt sicherlich schon viele Menschen in einem solchen Zustand erlebt. Wenn jedoch Intellekt und Emotionen nicht in Freude synchron laufen, wenn sie nicht zusammenarbeiten können, wenn sie einander nicht gut verstehen, wenn der Verstand rationalisiert und nicht nachvollziehen kann, was gefühlt wird – dann entsteht Disharmonie. Je mehr Nahrung diese Disharmonie erhält, desto schwächer wird der Energiekörper der Aura. Wenn die Aura dünner wird, ihr Energiesystem verringert wird, ihre Schwingung nachläßt, können Krankheiten entstehen.

Wie kann man sich das Verständnis von der Rückverbindung mit der inneren göttlichen Quelle wieder aneignen?

Es fängt damit an, den Geist durch das Herz denken zu lassen und alle Umstände eures Lebens von einer höheren Warte aus klar zu verstehen. Ohne diese innere Quelle könnt ihr von einem Menschen zum nächsten rennen und um Hilfe bitten. Ihr könnt ohne Ende darüber reden, werdet euch dabei aber im Kreise drehen und kommt nicht weiter, bis ihr euch schließlich mit dieser höheren Quelle verbunden habt. Diese höhere Quelle ist in euch. Es ist die innere Verbindung zu Gott, die euch sowohl umgibt als auch in euch ist.

Wie gesagt, das, was zur Zeit auf dem Planeten Erde geschieht, dient dazu, daß alle Menschen wieder zurück zu dieser Verbindung mit Gott in ihrem Inneren kommen, denn es wird wahrhaftig euer einziges Seelenheil sein.

Wie ihr seht, erhöht sich zur Zeit die Schwingung auf eurem Planeten, damit die niederen Frequenzen gereinigt werden können. Diese niederen Frequenzen sind die Schadstoffe, die Giftstoffe, die ihr gegen die Erde eingesetzt habt und die sich jetzt gegen euren Körper richten. Der einzige Weg, dies zu überwinden, besteht darin, die Schwingung zu erhöhen. Ihr werdet merken, daß die Schwingung der Erde höher wird. Um mithalten zu können, müßt auch ihr eure eigene Schwingung erhöhen – durch eure Gedanken, durch eure Emotionen.

Wenn ihr das tut, werdet ihr Vergebung und Dankbarkeit entwickeln. Vertraut auf Gott, daß alle Dinge, die ihr erlebt, etwas Höherem dienen, wenn ihr erst einmal euer

Leben dem Willen Gottes unterstellt habt. Die Herausforderungen, die dann auf euch zukommen, werdet ihr von einer höheren Ebene der Erkenntnis aus meistern. Versucht nicht, in die gewohnten Reaktionsmuster, wie Wut, Verurteilung, Widerstand, Haß, Eifersucht und Neid, zurückzufallen. Sie stimmen allesamt nicht mit dem Göttlichen überein. Handelt von dieser höheren Ebene aus, aus der Weisheit des Herzens, aus Mitgefühl und Dankbarkeit. Damit beginnt die Vergebung. Denn ohne das Gefühl der **Dankbarkeit** könnt ihr nicht **vergeben**. Beide sind wie Zwillinge. Versteht ihr?

 Würdest du das etwas näher erklären? Inwiefern sind sie wie Zwillinge?

Zwillinge arbeiten als Team zusammen. Geh in dich und stell dir beispielsweise eine Situation vor, in der dich jemand verletzt hat, jemand, mit dem du eine Beziehung hattest und den du geliebt hast. Dieser Mensch hat dir vielleicht Dinge gesagt, die dich tief verletzt haben, und du hast dies die ganze Zeit mit dir herumgetragen. Dein Herz schmerzt.

Wie kannst du diesem Menschen vergeben? Du mußt diese Person zunächst als jemanden betrachten, der dir etwas in deinem Leben zeigen wollte. Gott will dir durch sie zeigen, womit du Frieden schließen solltest. Wenn die Person etwa Wut auslebt, gibt es möglicherweise einen Teil in dir, der die Wut in deinem Körper, in deinem Herzen, in deinem Geist und in deinem Energiefeld immer noch festhält. Diese Person zeigt dir also, wie so etwas aussieht, denn, offen gesagt, siehst du dich ja nicht selbst, wenn du etwas auslebst. Dieser Mensch wurde dir als ein Geliebter gesandt, um dir diese Erkenntnis zu vermitteln – zu erfahren, was in dir noch wütet, was du noch nicht geheilt hast. Trage nicht die Last der Verurteilung dieses Menschen mit dir herum, denn er ist ein Geschenk an dich – um dir zu zeigen, was du nicht auslebst.

Segne diese Person. Entwickle Verständnis und segne diese Person, indem du sagst: „Ich verstehe, mein Lieber, daß du in mein Leben geschickt wurdest." Du brauchst ihr das nicht persönlich mitzuteilen, denn sie würde es vermutlich überhaupt nicht verstehen. Aber sprich mit dieser Person in deinen Gebeten und nimm sie durch deine Gedanken in dein Energiefeld auf. Bedank dich dafür, daß sie dir gezeigt hat, wie Wut aussieht, damit du erkennen kannst, daß dieser Teil in dir auf höherer Ebene weder der Menschheit noch dir selbst nützt. Stell dir dann vor, wie du gerne hättest, daß dieser Mensch mit dir umgeht – das heißt, wie du dich selbst gerne verhalten würdest. Entwickle mitfühlendes Verständnis dafür, daß dieser Mensch nur dazu da ist, dir einen anderen Weg zu zeigen, indem er seine Wut für dich lautstark ausagiert – um deine Aufmerksamkeit zu erwecken. Halte es ihm nicht vor, sondern bedank dich bei diesem Menschen. Dadurch befreist du das Karma, das zwischen euch besteht. Du löst dich von den Gedankenformen und Verurteilungen, die du ihm gegenüber hattest. Du bedankst dich bei ihm für das Geschenk, das er dir gemacht hat, damit du dich befreien kannst, damit du dich z.B. von der Wut befreien kannst, über die wir gerade gesprochen haben. Du kannst weitergehen, ohne diese Wut in der Form ausagieren zu müssen, da du ja gesehen hast, daß es nichts bringt. Innerlich kannst du dieser Person für die Erkenntnis danken, daß die Wut nicht mehr der Weg für dich ist – denn wenn du dich immer wieder für die Wut entscheidest, wird es sich bald auch in deinem Körper bemerkbar machen. Ihr habt das alle schon um euch herum erlebt, meine Kinder. Jeder von euch, der dieses Buch jetzt gerade liest, kennt das und sieht zu, wie Freunde und Familienmitglieder davon krank werden. Vieles davon schlägt sich heutzutage in der gängigen Krankheit Krebs nieder. Krebs ist jedoch nichts weiter als eine Disharmonie im Energiefeld.

Wie sieht eine Disharmonie im Energiefeld denn aus?

Der Körper ist normalerweise von einem Energiefeld umgeben, das im Gleichgewicht mit allen feinstofflichen Energien ist. Euer physischer Körper sollte harmonisch mit eurem Mental-, Emotional- und Astralkörper, die ihr nicht wahrnehmen könnt, übereinstimmen. Den physischen Körper könnt ihr sehen. Er hat eine sehr dichte, eine dreidimensionale Form. Aber der mentale, emotionale, astrale und ätherische Körper sind sehr, sehr fein. Ihr könnt sie nicht mit bloßem Auge sehen. Alle zusammen bewegen sich jedoch in Harmonie. Nur wenn sie asynchron werden, entstehen disharmonische Schwingungen.

Woher weiß man, ob man sich selbst und/oder dem anderen vollkommen vergeben hat?

Wahrhaftig, ihr vergebt einem Menschen durch Mitgefühl und durch Verständnis. Er ist ein Geschenk, das Gott euch für einen bestimmten Heilungszweck gesandt hat. Nehmt es euch nicht so zu Herzen, wenn er euch etwas Schlechtes angetan hat. Er hat sich nur so verhalten, damit ihr das in euch wahrnehmen konntet, was der Heilung bedurfte. Wenn ihr dies als Geschenk anerkennt, könnt ihr ihm aus ganzem Herzen danken. Ihr könnt euch den Groll oder die Verurteilung, die ihr ihm gegenüber für sein Verhalten gehegt habt, vergeben. Ihr versteht dann wirklich, daß er ein Geschenk an euch war und daß er euch nur im Dienste Gottes geholfen hat, Teile eures Selbst zu heilen. Und ihr könnt euch selbst für euer Verhalten vergeben. Wenn ihr für jemand anderes Mitgefühl zeigt, könnt ihr es auch für euch selbst empfinden. Dieser Mensch ist nur dazu da, um euch eine Erkenntnis zu bringen. Ihr seid alle füreinander da, damit jeder einzelne zur Erkenntnis gelangt. Wenn ihr dies nur verstehen würdet:

Es gibt in Wirklichkeit keine Feinde.

Wenn ihr das erkennen würdet, könntet ihr euren Erzfeind als den besten, geliebtesten Helfer ansehen, der – würdet ihr das Ganze von einer höheren Warte aus betrachten – ein Geschenk zu eurer Heilung bereithält.

Gibt es eine spezielle Übung dafür, diesen Ärger, Schmerz und Haß loszulassen, damit man wirklich vergeben kann?

Ihr müßt zuerst verstehen, daß es sich um eine verabredete Angelegenheit handelt, wie ich bereits erklärt habe. Eine „verabredete Angelegenheit" bedeutet, daß sie von eurem Höheren Selbst und Gott verfügt wurde. Eure Seele brauchte diese Wachstumsmöglichkeit, deshalb hat sie euch, in Absprache mit Gott, in eine Situation gebracht, die für euch vorteilhaft war. Auch wenn sie euch zu dem Zeitpunkt, in dem ihr damit zu tun hattet, nicht vorteilhaft *erschien*, **wollte sie euch doch zeigen, was ihr in euch selbst verdrängt hattet.**

Die anderen leben das für euch aus, was ihr in euch selbst nicht wahrhaben wollt.

Durch Dankbarkeit werdet ihr es erkennen. Durch **Dankbarkeit in euren Herzen** werdet ihr es erkennen. Wenn ihr spürt, daß ihr tatsächlich vergeben habt, werdet ihr wirkliche *Freude* darüber empfinden, daß diese Person mit ihrem Geschenk in euer Leben kam. Ihr werdet strahlen vor Freude, und ihr werdet sagen können: „Mein über alles geliebter Freund und Lehrmeister, von dem ich dachte, er sei mein Feind, ich danke dir für das, was du mir gegeben hast, und bitte dich, mir zu verzeihen, daß ich es nicht früher erkannt habe."

Mit anderen Worten, wenn man an einen Menschen denkt oder ihm begegnet und immer noch emotional reagiert, heißt das, daß man diesem Menschen noch nicht vollkommen vergeben hat. Stimmt das?

Wenn ihr euch in einer solchen Situation befindet (die euch normalerweise unvorbereitet trifft), die etwas in euch auslöst, was euch aus dem Gleichgewicht wirft, was Unwohlsein, Wut, Eifersucht, Haß, Neid – die Dinge, die ich vorhin erwähnte – aufkommen läßt, müßt ihr euch zurücklehnen, euch einen Moment Zeit nehmen und tief durchatmen. Wenn diese Dinge in euch hochsteigen, fragt euch: „Was will mir das jetzt gerade sagen? Was ist es, was mich stört?"

Macht es nicht so sehr an dem Thema fest, das die betreffende Person angeschnitten hat, bleibt eher bei euch selbst, bei eurer Reaktion – eurer Wut, eurem Haß, eurer Eifersucht, eurem Schmerz, was auch immer es ist. Fragt euch: „Was veranlaßt mich, mich so zu fühlen?" Atmet tief durch und bittet die Person, eine Weile bei euch zu bleiben, da ihr emotional sehr aufgewühlt seid und das in den Griff bekommen wollt. Sie wird sich wahrscheinlich in Ruhe mit euch hinsetzen oder euch allein lassen, was auch in Ordnung wäre. Nehmt euch einen Augenblick Zeit, um herauszufinden, was euch widergespiegelt wird. Was will euch diese Person zeigen? Wenn ihr das direkt in dem jeweiligen Moment machen könnt, werdet ihr unmittelbar mit der Befreiung eurer Seele von alten Mustern, die längst ausgedient haben, beschenkt – von Mustern, die euch ansonsten Leben um Leben langsam umbringen würden.

Es gibt keine Notwendigkeit mehr, Tode zu sterben. Eure Körper, eure Seelen können immer weiter leben. Darauf werdet ihr vorbereitet. Das ist es, worauf diejenigen von euch, die jetzt erwachen, vorbereitet werden – zu erkennen, daß ihr nicht mehr durch den Sterbeprozeß gehen müßt. Darauf bereitet sich euer Planet vor. Das ist das Schicksal, das Gott für euch bereithält – das ewige Leben. Deshalb erhöht sich zur Zeit die Frequenz der Erde. Sie bereitet sich darauf vor, daß ihr ewig leben werdet. Aber ihr müßt euch auch selbst darauf vorbereiten, um es zu empfangen und den Himmel auf Erden zu leben. Wenn ihr sagt: „Ich will den Himmel auf Erden schaffen", ist das keine leichte Behauptung, obwohl es gerade um *Leichtigkeit* geht. Nehmt dies ernst: *Ihr werdet dazu herausgefordert, euch von all dem zu trennen, was nicht den Himmel auf Erden schafft.* Jede einzelne, verborgene „faule" Stelle in euch, die euch noch daran hindert, den Himmel auf Erden zu schaffen, muß beseitigt werden.

Ist es denn genauso wichtig, dem anderen Menschen zu vergeben wie mir selbst, oder reicht es aus, nur mir selbst zu vergeben?

Wenn ihr das, was ich vorhin über die umfassende Freude durch den Prozeß der Vergebung gesagt habe, erkannt habt, werdet ihr automatisch sowohl euch selbst als auch dem anderen oder den anderen vergeben haben. Ihr werdet automatisch alle Beteiligten einbezogen haben. **Ihr selbst** werdet nicht davon ausgeschlossen sein. Es ist ein vollendeter Prozeß.

 Kann das innerhalb einer Sekunde geschehen?

Es wird dann geschehen, wenn ihr, mit den Augen Gottes, erkennt, warum ihr dieses Geschenk erhaltet. Es ist nur dazu da, daß **du heil wirst**, daß du wieder ganz wirst – damit du eins wirst mit dem Christus-Menschen, mit dem Gott/Mann, der Göttin/Frau auf der Erde.

Krebs, AIDS, Herzleiden, alle diese Krankheiten, die auf eurem Planeten zur Zeit sehr präsent sind, haben sehr wenig mit eurer Ernährung zu tun, sondern viel mehr mit euren Gedanken und was ihr in eurem Energiefeld mit euch herumtragt. *Wenn ihr eure Schwingung erhöhen könnt – wobei die höchste Schwingung natürlich die Liebe ist –, wenn ihr eure Schwingung in die der Liebe erhöhen könnt (die aber nur durch Vergebung aller Dinge erreicht wird), dann werdet ihr vollkommen gesund sein.* Habt keine Angst davor, euch wie eine Zwiebel zu schälen, Schicht um Schicht, und während ihr euch schält, sicher zu gehen, daß jede einzelne Schicht der Unausgeglichenheit, der Wut, der Eifersucht, des Schmerzes, des Mißtrauens, des Neids, der Gier, der Trennung von Gott angesprochen wird. Vergewissert euch, daß jede Schicht durch Mitgefühl, Vergebung und Liebe angesprochen und geheilt wird.

 Wie schält man denn diese Zwiebel am besten?

Indem ihr euch Schicht für Schicht alles anschaut, mit dem Mut und dem Wissen, daß ihr es für das Wachstum eurer Seele tut. Macht euch nicht so viele Sorgen um die Gesundheit eures Körpers. Wenn ihr krank werdet, ist das ein Zeichen dafür, daß etwas ganz tief in euch nicht in Ordnung ist. Betrachtet es unter dem Aspekt eures Seelenwachstums. Betrachtet es unter dem Blickwinkel, daß eure Seele wachsen muß. Dadurch braucht ihr euch nicht von der Angst auffressen zu lassen, daß ihr diese oder jene „furchtbare" Krankheit habt, die ihr überwinden müßt. Denn so werdet ihr sie nie überwinden. Versteht es vielmehr als eine Botschaft: „Meine Seele will wachsen. Ich bin jetzt mit einer Herausforderung konfrontiert, die mich tiefer in meine Seele blicken und erkennen läßt, wo sie sich noch entwickeln will und wie sie zu Freude, Harmonie und Gleichklang gelangen kann."

Ist es angebracht, für diese Art von Entwicklung mit einem Therapeuten oder Lebensberater zusammenzuarbeiten?

Es gibt so viele Möglichkeiten. Macht das, was auch immer euch richtig erscheint, was stimmig für euch ist, was euch helfen wird, euch mit diesem Geschenk auseinanderzusetzen. Denkt daran, jede Situation und jeden Menschen in eurem Leben anzuschauen, denen ihr noch nicht vergeben habt oder mit denen ihr noch nicht in Harmonie und in Liebe seid. Laßt nichts aus, denn alles wird auf euch zurückfallen und euch *quälen*.

Wie kann man sich sicher sein, daß man diesen Prozeß mit jedem einzelnen Menschen abgeschlossen hat?

Euer Herz wird immer voller Freude sein. Ihr werdet keine weiteren Prüfungen mehr erleben. Wenn doch, dann werdet ihr einfach durch sie hindurchschweben, ohne sie als solche zu empfinden. Versteht ihr?

Ja. Sie wären dann konstruktive Gelegenheiten zum inneren Wachstum.

Genau. Je mehr ihr daran arbeitet, desto sicherer werdet ihr im Umgang mit solchen Situationen und Menschen in den entsprechenden Momenten. Entscheidend ist, daß euer Verhalten immer von der Liebe bestimmt wird. Ihr müßt in diese Liebe kommen, auch wenn Unstimmigkeiten entstehen, auch wenn Wut in euch aufsteigt, auch wenn Angst in euch ausgelöst wird. Nehmt einen tiefen Atemzug und wißt, daß es einfach eine weitere Gelegenheit für euch ist, euch diese Gefühle genauer anzuschauen.

12

Die Mutter

Meine über alles geliebten Kinder,

*W*enn ihr zu mir kommt, kommt mit offenem Herzen. Kommt mit der Bereitschaft, zuzuhören, mit der Mutter zu sein, sie in eurem Inneren zu spüren, zu spüren, wie sie mit eurem Herzen eins wird, in vollkommenem Einklang mit der Liebe, dem Leben, der Erkenntnis, mit dem Leben in Frieden, mit der Ganzheit und dem Gleichmut in euch selbst und allem Leben, das euch umgibt.

Wenn ihr betet, ladet mich in eure Herzen ein. Bittet den Rest der Welt, sich zurückzuziehen, damit ihr eins werden könnt mit mir und mich in euren Herzen spüren könnt. In eurem Anliegen, in euren Gebeten, sprecht eure Absicht für den Tag. Bittet Gott, in allem, was ihr tut, gegenwärtig zu sein. Fordert euch selbst auf, offen für diese innere Verbindung zu Gott zu sein – in allem, was ihr tut. Wißt, daß ihr, wenn ihr euch bewegt, wenn ihr sprecht, lauft und all die anderen Dinge tut, dies in Übereinstimmung mit der inneren Verbindung zu Christus, mit dem Gott in euch, tut.

Überlegt, bevor ihr redet. Überlegt und schaut genau hin, bevor ihr Werturteile fällt. Denkt nur Gedanken der Liebe. Bringt Gedanken aus Liebe und Harmonie hervor. Schaut euch alle Menschen, die ihr in den Straßen seht, mit den Augen Gottes an, damit ihr innerer Gott erwacht. Tut dies als Dienst an euch selbst und an der Menschheit.

Erkennt den Gott in den Augen eines anderen Menschen an, wenn ihr ihn anschaut, um ihn zu begrüßen. Der andere vergißt oft schnell, daß Gott in ihm ist. Wenn ihr dies anerkennt und anderen in die Augen schaut, werden sie sich schnell daran erinnern, wer sie sind. Das ist dein Geschenk an dich selbst und an die Welt um dich herum. Es ist eine leichte Aufgabe, die jedoch kaum praktiziert wird. Ich fordere euch auf, das jeden Tag bei allen Dingen zu tun. Wenn ihr euch unausgeglichen fühlt und diese Übung nicht gemacht habt, dann wechselt über in die Ausgeglichenheit und fangt sofort mit der Übung an. Ihr braucht Übung, denn wie mit allem lernt ihr dies durch Übung und werdet euch daran gewöhnen, das Leben auf diese Weise zu leben. Ihr müßt wieder lernen, das Leben eines Erwachten auf diesem Planeten zu leben. Das ist und war euer Schicksal – schon immer –, nur habt ihr vergessen, wie man es lebt.

Wollt ihr nun eure Fragen vorbringen? Ich bin heute bei euch und warte darauf, mit euch sprechen zu können. Ich bin froh, daß ihr endlich die innere Ruhe gefunden habt, durch die ich mich euch gut mitteilen kann.

 Ja. Liebe Mutter Maria, ich freue mich, heute abend mit dir zusammensein zu können, und ich möchte dich bitten, über die Energie der Mutter, die zur Zeit auf unserem Planeten ist, zu sprechen.

Was willst du denn über die Energie der Mutter wissen? Die Mutter ist in allen Menschen, wo sie schon immer war. Die Menschen müssen nur wachgerüttelt werden, denn sie haben sich uns gegenüber verschlossen. Die Menschen haben sich der Mutter und dem Vater verschlossen. Sie haben sich nur auf die Egos in ihrem Inneren konzentriert. Deshalb ist es weniger eine neue Energie, die sich jetzt offenbart, als vielmehr die Tatsache, daß die Menschen lernen müssen, sich dieser Energie wieder zu öffnen, einer Energie, die schon immer da war und die darauf wartet, daß ihr euch mit ihr verbindet und in eurem Leben eins mit ihr werdet. Beantwortet das deine Frage?

Ja.

Heute bin ich hier bei euch. Ich bin immer da, wenn ihr mich ruft. Wenn ihr mich ruft und euer Bewußtsein sich mit dem meinen verbindet, werdet ihr mich in euren Herzen spüren, werdet ihr mich in eurem Bewußtsein spüren, werdet ihr mich in eurem Geist spüren.

Dann werdet ihr erkennen, daß ich bei euch bin und daß ich in eurem Herzen eins mit euch bin.

 Es fühlt sich wie eine besondere Schwingung in der Herzgegend an. Ich fühle mich leicht und auch ausgedehnter als sonst.

(Ileah zeigt Wolfgang jetzt – mit Hilfe von Mutter Maria –, wie er sich mit den Energien der Mutter verbindet und fühlen kann, wie sie durch sein Herz mit ihm spricht.)

Spürst du ihre Liebe? Fühlst du Wärme in deinem Herzen? Ein Gefühl der Geborgenheit?

 Ja. Ich fühle mich genährt, ruhig und friedvoll.

Wenn du jetzt nach innen gehst, möchte sie, daß du sie bittest, mit dir zu reden. Frag sie nach einer persönlichen Botschaft für dich an diesem Tag. Schau, ob du sie hören kannst.

Spricht sie auf Deutsch oder Englisch zu mir?

Du kannst sie in jeder beliebigen Sprache fragen. Sprich deine Frage laut aus und sprich dann die Antwort aus, die du spürst. Denk daran, sie direkt anzusprechen und sie zu fühlen, wenn du ihren Namen nennst, etwa so: „Geliebte Mutter Maria, Geliebte Maria, Mutter meines Herzens".

Atme tief durch und atme sie ein. Laß sie durch dich hindurchgehen. Begib dich in eine Position, als würde sie jetzt genau vor dir sitzen, wie eine Person, mit der du sprechen wirst. Sieh dich selbst, wie du auf diesem Stuhl vor dir sitzt und teil dieser Person auf dem Stuhl vor dir deine Botschaft mit. Teil dieser Person mit, was sie für den heutigen Tag wissen muß, gib ihr die Botschaft für diesen Tag.

Ich habe das Gefühl, daß ich in Frieden mit allem bin.

Sag das der Person, die vor dir sitzt, die Wolfgang ist. Teil diese Botschaft der Person mit, die vor dir sitzt und die du bist. Kannst du das sagen, als ob du selbst vor dir sitzen würdest? „Die Mutter sagt ..."

🕊 *Die Mutter sagt, sei in Frieden mit allem, was dir geschieht.*

Gibt es noch etwas, was sie ihm sagen möchte?

🕊 *Freu dich über alles, was dir geschieht.*

Hörst du, wie sie „Gesegneter und geliebter Sohn meines Herzens" sagt? Sie spricht mit ihm. Sprich ihn genauso an wie sie. Hat sie ihm noch mehr zu sagen? Sprich mit ihm. Er sitzt vor dir, ist bereit zu hören. Sie möchte, daß du das weißt. Was möchte sie, daß Wolfgang weiß?

🕊 *Sie möchte mir zeigen, daß sie eins mit mir ist.*

Spüre sie ganz und das, was sie sagen will.

🕊 *Es gibt in allem, was ich tue, eine Botschaft für die Entwicklung meiner Seele. Und in dieser Botschaft ... werde ich mich selbst finden.*

Konzentrier dich auf sie. Konzentrier dich weiter auf sie. Spürst du sie noch?

🕊 *Ja, ich glaube schon.*

Laß uns sie folgendes fragen: „Wie geht man eine verbindliche Beziehung zu einem geliebten Menschen ein, ohne co-abhängig zu werden und seinen eigenen Freiraum aufzugeben?" Was sagt sie dazu? Kannst du ihre Antwort spüren?

🕊 *So etwas wie: „Sei in jedem Moment wachsam und spür die andere Person. Stimm dich auf ihre Energie ein. Sei mit ihr. Sei mit deinem Höheren Selbst." Das ist die Antwort.*

Wie macht man das?

🕊 *Indem man sein Herz für die Schwingung der Liebe, die in jedem Augenblick entsteht, öffnet und die Liebe fühlt. Sie wird vom Höheren Selbst erzeugt.*

Heißt das, daß du von deinem Höheren Selbst getrennt bist, wenn du die Liebe nicht fühlst?

> *Du bist nicht von deinem Höheren Selbst getrennt, aber du bist nicht mit der Schwingung verbunden.*

… du bist nicht mit der Schwingung verbunden?

> *… in Zusammenarbeit mit der inneren Freude, die die Verbindung zur Schwingung herstellt.*

(Ileah stellt der Mutter die Frage von vorhin noch einmal.)

> *Geliebte Maria, wie geht man eine verbindliche Beziehung zu einem geliebten Menschen ein, ohne co-abhängig zu werden und seinen eigenen Freiraum aufzugeben?*

(Mutter Maria antwortet:)

Wachsam und aufmerksam in jedem Moment zu sein bedeutet, sich ganz auf die Energie des Augenblicks einzulassen. Wenn du dich mit anderen Menschen austauschst, laß dich auf das Gespräch ganz ein, wenn es deine Seele anspricht. Spür die Energie. Geh in die Energie der Erfahrung hinein. Bleib im Jetzt, gib dich nicht der Angst vor der Zukunft oder der Sehnsucht nach der Vergangenheit hin, sondern genieß den Moment der Erfahrung, mit wem auch immer du gerade zusammen bist.

Das schafft dir deine Freiheit. Das schafft einen gesunden Austausch der Energien. Wenn du deinen Lebenssinn im Leben findest, entwickelst du deine Individualität, auf die du immer wieder zurückgreifen kannst. Frag dich immer wieder, warum du hier bist, durch welche Aufgabe du dienst. All die Menschen, die dir auf deinem Weg begegnen, sind Segnungen in deinem Leben, sie sind aber nicht dein Leben. Dein Leben bist du selbst, und du lebst für den Sinn, für den du hierher gekommen bist.

(Mutter Maria beantwortet jetzt Wolfgangs ursprüngliche Frage, warum die Energie der Mutter zur Zeit auf unserer Erde ist.)

Ich bin zu dieser Zeit aus vielen Gründen auf die Erde gerufen worden. Ich war schon immer hier. Ich habe die Erde nie verlassen. Jetzt liegt die Betonung auf der Mutter, da auf eurem Planeten der weibliche Strahl gerade eine große Bedeutung hat, denn ihr seid hauptsächlich durch den männlichen Strahl, den Vater, bestimmt worden und habt euch damit auch selbst bestimmt. Jetzt werdet ihr den weiblichen Strahl wieder erleben – diesen Strahl der Empfindung, des Herzens, wogegen der männliche Strahl eher ein Strahl des Intellekts ist. Er diente dazu, euch Entdeckungen zu ermöglichen, Entdeckungen auf der physischen und mentalen Ebene. Jetzt kommt der Herzstrahl, der emotionale Strahl durch die Mutter, um das Gleichgewicht wiederherzustellen.

Ihr werdet also ein großes Gleichgewicht erleben, das wieder mehr eure spirituelle Seite zum Vorschein bringen wird – die Herzensgefühle und die spirituellen Aspekte vereinen sich mit den mentalen und physischen Strahlen. Ihr werdet diesen Durchbruch jetzt auch bei euren Regierungen und in euren Religionen beobachten können. Sie lassen mehr den weiblichen Strahl durchkommen, gehen mehr gefühlsmäßig an die Dinge heran. Auch eure Wissenschaften werden zunehmend eine spirituell-emotionale Vorgehensweise entwickeln. Ohne diese könnt ihr nicht mehr weitermachen. Wir bewegen uns vom Männlichen hin zum Weiblichen.

Es gibt noch viele andere Gründe, warum ich hier bin. Der entscheidende ist jedoch, daß alles Teil des göttlichen Plans ist, daß die Mutter zu diesem Zeitpunkt erscheint, um Frieden, Geborgenheit und Liebe auf der Erde wiederherzustellen. Alles ist im Rahmen der göttlichen Ordnung geschehen – daß ihr auch die mentalen und physischen Ebenen entdecken mußtet, um diese verstehen zu können. Jetzt ist der Zeipunkt gekommen, um all das mit dem Herzen und mit dem nährenden, spirituellen Aspekt der Mutter zu verbinden.

Ihr werdet sehen, daß ihr vor einer Entdeckung der ganz anderen Art steht. Ihr seid mit der Wissenschaft groß geworden, aber sie ist jetzt aus dem Gleichgewicht geraten. Ihr werdet erleben, wie die Dinge wieder mehr eine natürliche Qualität annehmen, wenn sie mit dem Herzen und der Seele in Verbindung gebracht werden. Ihr habt euch durch das Physische und Mentale hindurchgearbeitet. Das ist jetzt aber nicht mehr im Einklang und in Harmonie mit dem Planeten.

Ich bin auch gekommen, um meine Kinder wieder in liebevoller Fürsorge in mein Herz zu schließen, um sie zu meinem Herzen zurückzuführen und um die Geburt des Christus in jedem einzelnen von euch zu erleben. Ich bin gekommen, um Zeugin zu sein und zu beobachten, wie das zweite Kommen Christi auf eurem wundervollen Planeten Erde stattfindet. Das zweite Kommen Christi, die Geburt des Christus in allen Menschen, die Geburt ihres eigenen Gottes in ihnen selbst, ihrer inneren Verbindung mit der göttlichen Quelle, die der Christus ist, ihr Erwachen in die Selbstverwirklichung.

Ich bin zurückgekommen, um die Herzen meiner Kinder zu erwecken, ihre Seelen zu erwecken und ihren Göttlichen Geist zu erwecken. Könnt ihr euch vorstellen, wie es für eine Mutter ist, all ihre Kinder in dem Zustand zu erleben, daß sie wissen, wer sie sind, daß sie sich keine Gedanken mehr darüber machen, wer sie sind und was sie hier zu schaffen haben, sondern alle in Freude erkennen, wer sie sind und was ihre Aufgabe hier ist – einander zu lieben und zu dienen? Darauf freue ich mich. Ich sehe, daß dies bereits immer mehr und mehr und mehr geschieht.

Wenn ihr die Mutter liebt, liebt ihr auch euren Planeten, euren Planeten Erde. Viele nennen ihn, euren Planeten, auch Tara oder Gaia, euren Planeten Erde, eure Mutter Erde. Ihr werdet euch wieder der Natur öffnen, ihren Ruf vernehmen und lernen, mit ihr zusammenzuarbeiten, um euch selbst zu nähren und um diesen Ort wieder zurück ins Gleichgewicht zu bringen.

Beantwortet das deine Frage über die Bedeutung der Gegenwart der Mutter auf der Erde zu diesem Zeitpunkt? Hast du noch mehr Fragen dazu?

 Ja. Wie werden die Menschen diesen inneren Ruf in Zukunft wahrnehmen?

Wie werden sie wissen, daß die Mutter hier ist? Meine Erscheinung wird zur Zeit überall auf diesem Planeten beobachtet. Viele Menschen channeln meine Worte, damit sie
        gehört,
                gehört, und immer wieder
                            gehört werden.

Jede Seele wird den inneren Wunsch verspüren zu erwachen. Es ist ein Verlangen in der Seele, ein inneres Wissen. Als gäbe es einen Countdown für die Menschheit, und dieser Countdown ist jetzt beendet. Es ist wie beim Lachs, der weiß, wie er gegen die Strömung schwimmen kann. Er weiß nicht, warum er es tut, er weiß nur, daß er es tun muß. Dabei wird er laichen und dann sterben, während wieder neue Lachse heranwachsen. Ihr entledigt euch von eurem alten Leben und laßt das neue entstehen. Ihr bewegt euch instinktiv gegen den Strom. Ihr wißt nicht, warum, aber ihr bewegt euch in diese Richtung, steuert auf eine größere Erkenntnis zu.

„Warum bin ich hier? Worum geht es im Leben?" Mit diesen Fragen beschäftigt sich eure Seele. Natürlich hat sich die Menschheit diese Fragen schon seit ewigen Zeiten gestellt, aber jetzt, wo die Menschen langsam erwachen, geschieht es aus einem Gruppenbewußtsein heraus und nicht vereinzelt bei dieser oder jener Person. Diese Fragen werden von unendlich vielen Menschen gestellt, die nach einer Antwort suchen, die sich in Seminaren weiterbilden und Workshops zur Selbsterfahrung besuchen, um weiterzukommen.

Wird sich dieser Prozeß intensivieren, wenn sich Menschen zu Gruppen zusammenfinden, oder wird es eher ein persönlicher, innerer Vorgang bei jedem einzelnen sein?

Es wird auf alle möglichen Arten geschehen. Da jeder Mensch ein Individuum ist, hat jeder auch seine eigene Art und Weise, gegen den Strom zu schwimmen. Einige werden es in Gruppen tun, andere in der Einsamkeit, einige durch Herumreisen, andere durch das Leben in der Natur. Einige werden in Gruppen leben, andere allein sein und wieder andere werden all das auf einmal tun.

Es gibt unbeschränkte Möglichkeiten, wie der Mensch jetzt den Weg zurück zu seiner Quelle finden kann.

◆ ◆ ◆

Ich segne diesen Ort, diese Stadt auf Ibiza und diese Insel und alle Menschen, die hierherkommen, um die Ruhe, die Unterhaltung, andere Menschen, diese herrliche mediterrane Kultur, das Wasser, das Land zu genießen – sie alle seien gesegnet.

Erscheinung Marias in Italien

◆ ◆ ◆

Gebete

Das Vaterunser ist ein sehr kraftvolles Gebet, das euer Energiefeld und Chakrensystem (das sind die sieben Hauptenergiezentren, die entlang der Wirbelsäule bis zum Scheitelpunkt des Kopfes verlaufen) reinigt. Es ebnet sozusagen den Weg, um eine direkte Verbindung zu Gott im Gebet herzustellen. Das Gebet zur Allmächtigen ICH-BIN-Gegenwart ist ein affirmatives Gebet. Gesprochen nach dem Vaterunser, durch das der Weg geebnet wird, bekräftigt man durch die Allmächtige Göttliche Gegenwart die unmittelbare Verbindung zu dem Gott im Inneren. Das Selige Himmelfahrts-Rosenkranzgebet ist eine moderne Version des traditionellen Rosenkranzgebets, und anstelle von „bitte für uns Sünder, jetzt und in der Stunde unseres Todes" bitten wir Maria, sich „mit uns, den Kindern der Sonne und des Sohnes, zu vereinigen, damit wir bewußt unseren Aufstieg erleben können", womit gemeint ist, daß wir uns über die Illusion des Todes erheben.

Die folgenden Gebete sind abgewandelte Versionen von Gebeten aus der Novene* der Heiligen Mutter zum Geweihten Liebesbund von Mary Sylvia McChrist, die in der englischen Originalversion unter folgender Addresse zu beziehen ist:

The Mother Matrix
P.O. Box 473
Mt. Shasta, CA 96067
USA

❖ ❖ ❖

---

* Eine Novene ist eine katholische Andachtsübung an neun aufeinanderfolgenden Tagen, nach dem Vorbild der neuntägigen Gebetszeit der Apostel und Gläubigen zwischen der Himmelfahrt Christi und Pfingsten (Apg. 1, 13f).

Das Vaterunser

Unser Vater im Himmel,
   (O Vatergott, Muttergott, göttliche Ganzheit.)

Geheiligt werde dein Name.
   (Ehre sei unserer eigenen Geliebten ICH-BIN-GEGENWART.)

Dein Reich komme,
   (Vater, laß das Goldene Zeitalter anbrechen,)

Dein Wille geschehe auf Erden wie im Himmel.
   (Denn das Neue Zeitalter des Friedens und der Brüderlichkeit
   ist vollendet, jetzt auch auf den Inneren Dimensionen.)

Unser tägliches Brot gib uns heute.
   (Komm unseren Bedürfnissen nach, wenn sie sich zeigen.)

Und vergib uns unsere Schuld, wie auch wir vergeben unseren Schuldigern.
   (Denn Liebe ruft Liebe hervor!)

Segne uns mit Klarheit, Liebe und göttlicher Weisheit.
   (Vatergott, Muttergott, hilf uns im Tempel der Vollkommenheit zu bleiben,
   jenseits der Erfahrung der Maya.)

Denn Liebe ist das Reich,
         und Liebe ist die Kraft,
                  und Liebe ist die Herrlichkeit in Ewigkeit.
   (Denn Du bist jetzt das Goldene Zeitalter, das sich in dem Unbefleckten, Vollkommenen Bildnis eines jeden Mannes, jeder Frau und jedes Kindes manifestiert.)

         Amen,
              O Frau,
                   O Kind,
                        Alle Eins!

Gebet zur Allmächtigen ICH-BIN-Gegenwart

O Allmächtige Göttliche Gegenwart,
Erlaube nur meinen höchsten Wert,
Sich in meiner menschlichen Erfahrung zu manifestieren.

Öffne die Kanäle der Wandlung und der Reinheit,
Um mein Wesen und meine Welt zu reinigen.

Laß mich alle Situationen erleben, die für meine Weiterentwicklung
Auf meinem spirituellen Weg notwendig sind.

O Allmächtige ICH-BIN-Gegenwart, lösche alles Getrenntsein
Zwischen dem Menschlichen und dem Göttlichen Geist aus;
So daß ICH BIN jetzt vollkommen Erleuchtet
Zum Wohle aller Fühlenden Wesen.

O ICH-BIN-Gegenwart, verbinde dich jetzt mit mir,
Werde zu einer Energie,
Diene der Menschheit unermüdlich,
Bringe den Willen des Allmächtigen Gottes zum Ausdruck.

❖ ❖ ❖

Das Selige Himmelfahrts-Rosenkranzgebet

Gegrüßt seist Du, Maria, voller Gnade,
Der Vater ist mit Dir.
Gesegnet bist Du unter den Frauen, und
Gesegnet ist Jesus, die Frucht Deines Leibes.

Heilige Mutter, unser aller Mutter,
Vereinige dich mit uns, den Kindern der Sonne und des Sohnes,
Damit wir Bewußt Unseren Aufstieg Erleben,
Jetzt und Auf Ewigkeit, ICH BIN!

Gegrüßt seist Du, Maria, voller Gnade,*
Der Vater ist mit Uns.
Gesegnet sind Wir unter den Frauen, und
Gesegnet ist die Frucht Unseres Leibes, das Christuskind.

Heilige Mutter, unser aller Mutter,
Bitte für uns Kinder der Welt,
Jetzt und in der Stunde unserer Transformation.
Amen.

---

* Die dritte und vierte Strophe sind für Mütter gedacht, die Kinder haben. Nehmt euch nach der vierten Strophe einen Augenblick Zeit, um jedes eurer Kinder als sein eigenes vollkommenes Christus-Selbst zu visualisieren.

Gegrüßt seist Du, Maria, voller Gnade,
Der Vater ist mit Dir.
Gesegnet bist Du unter den Frauen, und
Gesegnet ist Jesus, die Frucht Deines Leibes.

Du viel Geliebte Maria, unser aller Mutter,
Mit meinem Herzen ergebe ich mich Dir.
In meiner Hingabe an Dich
Mögest Du dich mir offenbaren
Und zeigen, was ich tun muß,
Um mich von meiner Last und meinen Ängsten zu befreien,
Um eine ungetrübte Wahrnehmung mir selbst
und anderen gegenüber zu haben.

Amen.

❖ ❖ ❖

Liebe Leserin, lieber Leser,

*I*ch möchte euch danken für euer Interesse an *Mutter Maria in ihren eigenen Worten*. Wie ihr euch vorstellen könnt, war es für mich eine große Ehre und Aufgabe, der Mutter so zu dienen, wie sie es von mir gewünscht hat, und damit auch der ganzen Menschheit zu dienen.

Ich widme mich der Verbreitung ihrer Botschaften in den kommenden Jahren durch weltweite Auftritte, Wochenendseminare und Workshops, die über Wochen gehen, in denen Mutter Maria erscheint und durch mich zu den Anwesenden spricht. Ich biete auch Einzelsitzungen an, einstündige, auf Band aufgenommene gechannelte Sessions, entweder persönlich oder telefonisch. Wenn ihr ein Paar seid, ist die Mutter ebenso sehr erfreut, mit euch zu arbeiten und euch auf eure Aufgabe in der Welt vorzubereiten.

Wenn ihr daran interessiert seid, ein Seminar oder einen Workshop in eurer Gegend zu organisieren, setzt euch bitte in Kontakt mit mir, und ich werde sehen, welche Termine möglich sind. Denkt bitte nicht, daß die Mutter zu beschäftigt ist und man sie nicht erreicht. Kein Ort ist für sie zu unbedeutend oder klein, als daß sie nicht dort hinkommen würde. Mein Terminkalender mag unglaublich voll erscheinen, aber die Mutter ist unermüdlich, und ich bin selig, mich von ihrer Energie „tragen" zu lassen, was außerordentlich belebend ist! Mittlerweile sind auch Studiengruppen entstanden, die sich mit ihrem Buch und ihren Lehren auseinandersetzen. Ihr könnt gerne Kontakt mit mir aufnehmen, wenn ihr daran interessiert seid, zu einer Gruppe dazuzukommen oder eine in eurer Gegend zu gründen.

Dazu könnt ihr euch an folgende Adresse wenden:

Ileah Moore
2850 Skipjack Road
Kinsale, Virginia
22488
USA
E-mail: Ileahmm@aol.com

◆ ◆ ◆

ISBN 3-929475-89-8

Neale Donald Walsch
Ich bin das Licht!

Diese schlichte und dabei so kraftvolle Geschichte möchte den Kindern helfen zu verstehen, warum manchmal »schlimme« Dinge geschehen.

32 Seiten, gebunden, Großformat,
durchgehend farbig illustriert
DM 26,80 / ÖS 195,– / sFr. 24,80

ISBN 3-934647-25-1

Charles Duffie
Der Maulwurf und die Eule

Eine herzbewegende Geschichte von magischer Sprachkraft und sensiblem Charme über die verwandelnde Kraft der reinen Liebe.

88 Seiten, Efalin mit Schutzumschlag,
Großformat, durchgehend farbig illustriert
DM 34,– / ÖS 248,– / sFr. 32,–

ISBN 3-929345-01-3

Shahastra
Der wunderbare Regenbogenmann

Der Regenbogenmann nimmt drei Kinder mit in sein Farbenland, wo ihnen die Engel die Wirkung der Farben erklären. »It´s the best!« *Chris Griscom*

48 Seiten, mit Aufklebern
DM 24,80/ ÖS 180,-/ SFr. 22,50

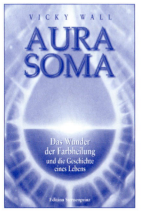

ISBN 3-929475-44-8

Vicky Wall
AURA SOMA
Der zeitlose Klassiker!

Vicky Wall, Begründerin von Aura Soma, gibt Einblick in ihr bewegtes Leben und in die mysteriöse Entstehung von Aura Soma. Faszinierend und tief berührend!

288 Seiten,
Echtleinen mit Schutzumschlag
DM 36,– / ÖS 263,– / sFr. 33,–

ISBN 3-929475-34-0

Christian Opitz
Unbegrenzte Lebenskraft durch Tachyonen

Die neue Tachyon-Technologie hat Tausende begeisterter Anwender gefunden. Sie verbindet uns direkt mit der Intelligenz und universellen Heilkraft der kosmischen Urenergie.

128 Seiten, gebunden
DM 24,– / ÖS 175,– / sFr. 22,–

ISBN 3-929475-85-5

Gregg Braden
Das Erwachen der neuen Erde

Wir erleben heute einen Wendepunkt, an dem Erde und Menschheit zu ihrem wahren Potential erwachen. Dieses Buch beschreibt, wie wir Geburtshelfer dieser neuen Zeit werden können.

240 Seiten, kartoniert
DM 36,– / ÖS 263,– / sFr. 33,–

Bitte fordern Sie unser Gesamtverzeichnis an: Hans-Nietsch-Verlag, Poststr. 3, D-79098 Freiburg

Bitte fordern Sie unser Gesamtverzeichnis an: Hans-Nietsch-Verlag, Poststr. 3, D-79098 Freiburg

ISBN 3-934647-23-5

IVOI
Sternenklang

36 außergewöhnliche Bilder des spirituellen Künstlers IVOI mit transformierender Wirkung auf Körper, Geist und Seele.

80 Seiten, gebunden, Großformat, durchgehend vierfarbig illustriert
DM 39,90 / ÖS 289,– / sFr. 36,90,–

ISBN 3-929475-96-0

Hans Georg Leiendecker
Thomas Busse
Begegnungen im Licht

Engel, Elfen, Feen, der kosmische Christus sowie Landschaften als Spiegelbild seelischer Empfindungen prägen die Bilder Hans Georg Leiendeckers.

80 Seiten, gebunden, Großformat, durchgehend vierfarbig illustriert
DM 29,80 / ÖS 218,– / sFr. 27,50

ISBN 3-934647-26-X

Anne Brewer
Schöpferische Macht

Ein Ratgeber zur Entfaltung der schöpferischen Energie: Wunscherfüllung im Einklang mit der höheren Wahrheit.

224 Seiten, gebunden
DM 34,– / ÖS 248,– / sFr. 32,–

ISBN 3-929475-83-9

Martia Nelson
Lebe dein Wahres Selbst

»Dieses Buch ermöglicht tiefe Einsichten in das vollkommene Potential, das in uns allen steckt. Es ist für all jene, die Erfüllung im Sein statt im Tun suchen.«
Deepak Chopra

250 Seiten, gebunden
DM 34,– / ÖS 248,– / sFr. 32,–

ISBN 3-929475-77-4

Wilfried Pfeffer
Vision Tibet

Einführung in die tibetische Medizin, mit spirituellen Übungen zur Selbstheilung. Der Autor erweist sich gleichzeitig als intimer Kenner des tibetischen Buddhismus, ohne den diese Heilweise nicht denkbar wäre.

144 Seiten, gebunden, Großformat,
70 farbige Abbildungen
DM 34,80 / ÖS 254,– / sFr. 32,50

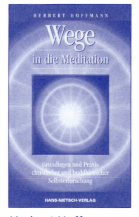

ISBN 3-929475-72-3

Herbert Hoffmann
Wege in die Meditation

Christliche und buddhistische Wege zur Selbsterforschung. Mit vielen Übungen

176 Seiten, gebunden
DM 29,80 / ÖS 218,– / sFr. 27,50